JN439306

# 강촌에 가고 싶다

현대수필가100인선 · 38

# 강촌에 가고 싶다

**백임현** 수필선

좋은수필사

수필은 누구나 부담 없이 읽고, 마음만 먹으면 직접 쓸 수도 있는 가장 친근한 문학이다. 다른 영역의 문학이 영상매체에 밀려 신음하고 있는 중에도 수필 인구만은 날로 증가하여 바야흐로 수필 전성시대를 구가하고 있는 이유도 거기에 있을 것이다.

시대적 추세에 힘입어 수많은 수필전문지, 수필동인지가 창간되고, 이에 비례하여 신진 수필가도 날로 늘어나다 보니 이제는 그 많은 작가, 그 많은 작품 중에서 문학성 높은 작품을 가려 읽는 일이 쉽지 않게 되었다. 이런 현상은 작가에게나 독자에게나 결코 바람직한 일이 아니다. 더 나아가서는 수필을 연구하는 후세들에게도 큰 부담이 될 것이다.

이런 문제를 해결하는 데는 출판인도 마땅히 한몫을 감당해야 한다는 평소의 소신에 따라, 본사가 기꺼이 그 역할을 맡기로 했다. 그 첫 번째 사업으로 시대를 대표할 만한 수필가 100인을 선정하고, 작가가 자선한 40편 내외의 작품을 수록한 문고본을 발간하여 이를 널리 보급함으로써 그 소임을 다하고자 한다.

본사는 사명감을 가지고 이 사업을 추진해 나가기로 했다. 작가 선정을 전담할 편집위원회를 구성하고 전권을 위임하여 일체의 사적인 정실이나 청탁을 배제함으로써 전문성과 공정성을 확보해 나갈 것이다.

따라서 이 기획물 속에는 작가의 문학정신뿐만 아니라, 본사의 문학사적 기여 의지와 편집위원 제위의 수필문학에 대한 애정과 문인으로서의 양심이 함께 담겨 있음을 자부한다. 다만, 작가를 선정하는 기준에는 많은 견해의 차이가 있을 수 있고, 선정 과정에서도 미처 챙기지 못한 부분이 있을 것이라는 사실만은 인정하지 않을 수 없다. 이 점에 대해서는 관계자 여러분의 양해 있으시기 바란다.

이 시리즈의 발간 순서는 작가, 또는 본사의 사정에 의한 것일 뿐 그 밖의 어떤 기준도 적용하지 않았음을 밝힌다.

본 기획물이 시대를 초월한 많은 수필 애호가들의 관심과 애정 속에 우리나라 수필문학 발전에 한 이정표가 되기를 바랄 뿐이다.

2009년 1월

좋은수필 발행인 서 정 환
현대수필가 100인선 간행 편집위원 박 재 식 최 병 호
정 진 권 강 호 형
변 해 명

| 차례 | 현대수필가100인선 · 38

## 1_부

## 2_부

# 3_부

## 4_부

# 1부

집을 짓는 사람들
감동을 찾아서
거북이 방생기放生記
나의 삶 나의 문학
봄이 오는 소리
아름다운 강북
인사동의 분꽃

# 집을 짓는 사람들

만일 내가 남자로 태어났다면 집 짓는 사람이 되었을 것 같다. 나에게 있어서 봄소식이란 집터를 닦는 포크레인의 힘찬 굉음으로부터 시작된다. 높은 산언덕에 흰눈이 남아 있고 골목안 바람이 아직도 차가와 두꺼운 겨울차림으로 외출을 하다가 문득 집짓는 현장을 만나게 되면 나는 이 땅에 봄이 왔음을 실감한다. 사람들은 언땅이 녹으면 기다렸다는 듯이 집 짓는 일을 시작하는 것이다.

집 짓는 현장의 활기를 나는 좋아한다. 엊그제까지 멀쩡하게 서 있던 집은 어느새 헐려 흔적도 없고 그 공허한 빈터에서는 추위를 녹이는 화톳불이 타 오르고 두툼한 외투차림의 남자들이 힘차게 붉은 흙을 퍼올리는 포크레인 옆에서 부산하게 웅성거린다. 오래된 집들이 많은 주택가여서 이런 광경은 항상 보게 되는 일이지만 볼때마다 새롭고 흥미롭다.

〈집을 짓는구나.〉

알 수 없는 감격이 가슴을 설레이게 한다. 겨울 가기를 기다려 봄에 터를 닦고 여름에 집을 지어 가을에 이사해서 추운 겨울을 따뜻하고 평화롭게 살아갈 새 집 사람들의 오붓한 모습은 상상만으로도 즐겁다. 지난 겨울 그들은 새집을 그리며 봄을 기다렸을 것이다. 그 소박하고 작은 꿈, 그것이 소중하게 느껴져서 나는 공사장 부근을 좋아한다 외출할 때는 조금 돌아서 가는 먼 길이라도 공사장 쪽으로 갈 때가 많다.

그 곳은 항상 어수선하고 시끄럽다. 철근, 시멘트, 모래, 벽돌 등 여러 가지 건축자재가 어지럽게 흩어져 있고 일 하는 사람 구경하는 사람이 모여 조용할 때가 없다. 어느 때는 거대한 레미콘이 공룡 같은 몸통을 뒤척이며 자갈 섞인 양회반죽을 토하면서 길을 막고 서 있기도 한다. 내가 보기에 공사중 제일 숨가쁘게 움직이며 부산스러울 때가 이 순간인 듯 싶다. 모든 인부들이 총동원해서 쏟아져 내리는 반죽을 받아내고 그것을 나르고 펼치고 하느라고 그들은 숨차게 뛰어다닌다. 레미콘의 요란한 엔진 소리와 사람들이 왁자지껄 외치는 고함소리가 한데 뒤섞여 주위의 모든 소리를 압도하면서 그 일대는 공사장 특유의 활기와 생동감이 넘친다.

나는 여기에서 약동하는 동적인 힘의 아름다움을 본다. 그리고 그 분위기에 도취되어 서 있곤 한다. 하나의 집은 이렇게 힘찬 울림으로 시작되어 복잡한 과정을 거쳐 완성된다. 어느 한 부분도 소홀할 수 없는 치밀함과 정성으로 마침내 집이 완성 된다는 것을 나는 그 근처를 오며 가며 배우는 것이다.

집이 헐린 자리는 어느 곳이나 황량하다. 그 텅 빈 곳에 먼저 지하실이 깊게 파지고 그물 같이 엮은 철근이 깔리면서 그 위에 골조가 세워진다. 잘 엮어진 석쇠처럼 가로 세로 촘촘하고 정연하게 깔린 철근을 보면서 남자들의 꼼꼼하고도 치밀한 솜씨에 경탄하게 된다. 이렇게 공사가 진척되어 가는 것을 보는 것도 관심을 가지고 보면 무척 재미있다.

〈아, 전기줄이 저런 식으로 연결되는구나.〉

〈아하, 수도배관은 저렇게 시작되는구나.〉

그 방면에 지식을 알아둬야 할 아무런 이유도 없건만 나는 호기심 많은 소년처럼 그러한 발견에 신기해하며 그 자리를 떠날 줄 모르고 서 있기도 한다.

집 짓는 사람들이 자기일에 열중하고 있는 것을 보면 그것은 마치 작품에 임하고 있는 장인의 모습을 보는 것 같다. 먹줄로 수직을 그으며 반듯하게 벽돌을 쌓아가면서 수 없이 다시 손 보는 벽돌공의 신중하고 진지한 자세는 한치의 오차도 용납하지 않는 엄격한 자존심이 거기에 있는 것 같다. 미숙한 보조공을 나무라면서 몇 번이고 다시 흙손질을 되풀이하게 하는 미장공, 집이 마무리 단계에 이르렀을 때 세세한 구석까지 소홀함 없이 보살피는 세심한 모습은 작품을 완성하는 예인을 보는 듯하다. 그들에게 집 짓는 일이란 단순한 일거리가 아니라 사람들의 행복한 안식처를 만든다는 자부심과 기쁨이 되고 있을지도 모른다.

나는 그들의 분주한 모습을 보면 봄날 추녀 끝에 집을 짓는 제비를 생각한다. 강남 갔던 제비들이 이 땅에 돌아와서 처음 하는 것은 추녀 끝에 집 짓는 일이다. 흙을 물어 나르는 제비들의 부산스러운 날개짓은 생기있고 활발하다. 집이 완성되면 알을 낳고 새끼를 기른다. 생명을 가진 모든 동물에게  집은 생명유지와 종족보존의 필수조건이라고 생각된다.

아득히 높은 나무가지 위에 아슬아슬하게 매달려 있는 까치 둥지는 완벽하고 견고하여 그 안에서 안전하게 새끼를 키운다. 짐승의 똥을 궁글리고 궁굴려서 집을 만들고 그 안에 알을 낳는 말똥구리, 흙을 잘게 뭉쳐 모래성을 쌓아 바람과 공기를 통하게 집을 만들어 알을 낳고 보존하는 개미, 생각하면 어떤 것도 경이롭지 않은 것이 없고, 어떤 생명도 소중하지 않은 것이 없다. 종족에 따라 만드는 방식과 구조는 달라도 거기에는 종족 보존이라는 숭고한 섭리가 들어 있다. 오늘날에는 문화공간으로서 그 기능이 중요한 우리들의 집도 최초에 의미는 그랬을 것이다. 어쩌면 내가 집짓는 일에 남다른 흥미를 갖는 것도 인간본연의 원초적 속성이 아닐까.

봄이 무르익으면 이 언덕 저 언덕  집 짓는 현장이 많다. 집안에 있어도 멀리 혹은 가까이서 들리는 기계소리와 망치소리로 나른한 봄날의 단조로움이 수런거리며 흔들린다. 나는 그 소리들을 좋아한다. 그것은 힘찬 생명의 소리다. 그 음향 속에 짙어가는 봄, 그리고 작은 행복을 가꾸어 가는 마음들이 봄을 희망의 계절이게 한다. 집을 짓는 사람도, 집 주인도, 나처럼 구경하는 사람도 모두의 한결같은 꿈은 아름답게 완성된 새집이며 그곳에 깃들일 안락한 평화다. 그래서 사람들은 오늘도 낡은 것을 허물고 그 빈터에 새 집을 짓는다.

(1992년)

# 감동을 찾아서

문학소녀 시절이었다. 학교에 영어선생님 한 분이 새로 부임해오셨다. 원래 전공이 이공계였지만 영어실력이 뛰어나 그 당시 미대사관에도 나가시는 분이셨다. 젊고 실력있고 감성마저 풍부한 선생님은 한창 나이의 소녀들 가슴을 설레이게 하고도 남음이 있었다. 아이들은 제각기 선생님의 관심이 자기에게만 특별하다고 생각하였다. 그러나 선생님은 누구에게나 공평하였고 언행이 반듯한 모범교사였으며 항상 아이들의 실력향상을 위해 열성적이었다.

특히 그 분이 우리에게 열의를 보였던 것은 독서지도였다. 감수성이 예민한 청소년기에 책을 많이 읽어야한다는 것이 그 분의 지론이었고 모든 지식의 통로가 책 속에 있으며 독서가 우리의 삶을 즐겁고 풍요롭게 해줄 것이라고 누누히 강조하셨다. 기회 있을 때마다 해박한 지식으로 책이야기를 해주었고 읽어야할 필독서를 소개하곤 하였다.

선생님의 이런 노력이 모든 제자들에게 성과가 있었던 것은 아니나 그래도 헛되지 않아 그 때 함께 공부한 친구들 중 많은 사람들이 지금까지도 책을 좋아하며 살고 있다. 나도 그 중에 한 사람이다. 청소년기에 어떤 사람을 만나느냐 하는 것이 한 평생을 좌우한다는 말이 있다. 나는 요즘도 책을 읽으면서 그 선생님을 생각할 때가 많다. 비록 선생님의 뜻에는 미치지 못 했으나 평생동안 책을 가까이하면서 즐거운 삶을 살도록 해주셨기 때문이다.

그 때 선생님은 책을 통해 폭 넓은 지식세계를 경험하면서 자기의 세계관을 확립해 가는 것이라는 요지의 이야기를 자주 들려주셨다. 그러나 아쉽게도 나의 독서는 선생님의 뜻과는 거리가 멀어, 일상의 즐거움을 위한 오락적 기능에 머물고 있다.

책읽기는 다시없는 나의 취미이다. 이 세상 어떤 것도 이보다 나를 즐겁게 하는 것이 없다. 세상에는 취미생활을 하는 사람이 많다. 명산을 돌며 산에 취해 사는 사람이 있고, 지구촌 구석구석을 누비며 미지의 세계를 찾는 즐거움으로 사는 여행객이 있는가 하면 낚시로 세월을 낚는 사람도 있다. 그런가 하면 시간만 있으면 책읽는 즐거움에 도취되어 사는 사람도 있다. 등산 낚시를 하는 사람들이 특정한 목적없이 다만 그 자체가 좋아서 즐기는 것처럼 내가 책을 읽는 것도 그 자체에 기쁨이 있기 때문이다. 중국의 석학 임어당도 독서를 말하는 수필에서 책을 좋아한다는 것은 오직 읽는다는 그 자체가 기쁨이 될 때, 진정으로 독서를 즐긴다는 말을 할 수 있는 것 이라고 하였다. 물론 이것은 독서삼매경에 이른 고도의 경지를 일컫는 것이겠으나 독서의 참 기쁨이 어떤 것인가를 일러준다.

우리가 젊었을 때는 지금처럼 문화센터 같은 좋은 시설이 없어서 자기 계발에 뜻이 있어도 마땅히 찾아갈 곳이 없었다. 작가를 만난다거나 어느 분야의 전문가를 접할 기회가 없어 그야말로 스스로 길을 찾는 독학에 의존하는 것이 최선의 방법이었다.

그 무렵 월간문예지 ≪현대문학≫에는 매달 네 사람의 명사가 소개하는 〈이 한권의 책〉이라는 지면이 있었다. 사회 각 분야의 저명한 명사들이 인상 깊게 읽은 책의 내용을 간단한 해설을 곁들여 소감을 말하는 난이었다. 한 번 언급한 책이라 해도 필자가 다르면 반복해서 거론되는 책이 많아 그 저서의 비중을 알 수 있었고 그것은 책을 선택하는데 커다란 도움이 되었다.

지금까지 잊혀지지 않는 것으로는 ≪사마천 사기≫, ≪그리스 로마신화≫, ≪고요한 돈강≫, ≪까라마조프 형제≫, 플라톤의≪향연≫, 키엘케고르의 ≪죽음에 이르는 병≫, 네루의≪세계사 편력≫ 크레인브린톤의 ≪세계문화사≫등이 여러 번 거론된 것으로 기억된다. 이런 책들은 명사들이 자신있게 추천하는 주옥같은 명저들이어서 읽는 순간의 감동뿐 아니라 세상을 보는 안목과 지혜를 심어주고 지식의 폭을 넓혀 주어 자신의 무지를 깨닫게 해주었다.

근래 몇 해 동안 건강이 좋지않아 해마다 얼마간씩 누워지내야할 때가 많았다. 몸은 성치않았지만 모처럼 잡다한 일에서 벗어나 한가하게 지낼 수 있는 좋은 기회여서 나는 병상에 누워 옛날에 읽었던 책을 다시 보기도 하고 바쁘다는 핑계로 미루어 두었던 책들을 보면서 투병생활을 하였다. 나는 이상하게 신상에 힘든 일이 있을 때 책을 많이 읽게 된다. 아들이 재수를 할 때, 집수리를 할 때, 내가 입원했을 때, 보통때보다 더 책에 빠져 있곤 했는데 그것은 아마도 현실적인 어려움을 책에서 위로 받고 싶은 심경이 아니었나 싶다.

나는 특별히 할 줄 아는 것이 없다. 성격도 활달하지 못해 사람들과 어울리지도 못한다. 이런 나에게 독서는 가장 적성에 맞는 일이었는지도 모른다. 나에게 책읽는 취미마저 없었다면 무슨 낙으로 살았을까.

60년대에는 일반적으로 모두 살아가기가 힘든 시절이었다. 교사의 아내로 남보다 더 궁핍했던 우리는 마음 놓고 책을 살 형편이 못 되었다. 서울 변두리 단칸방을 전전하면서 시장의 영세한 책방을 드나들며 읽고 싶은 책을 대본해 보았다. 결혼 후에는 살림하는 주부로 내 시간을 갖는 일도 용이한 일이 아니어서 아기를 업고 골목길을 오르내리며 책을 읽었고 한 손으로 일을 할 때는 다른 한 손에 책을 들고 빌려 온 책을 읽었다. 처음에는 지식에 대한 갈증 때문에 책이 필요했으나 나중에는 읽는 그 자체에 도취되어 책을 읽게 되었다. 어느 한 줄을 읽어도 책 속에는 세상 어디에서도 찾을 수 없는 감동이 있다. 고고한 성현들의 자취와 숭고한 사상을 책을 통해 만날 수 있으며 위대한 문학을 읽으면서 삶의 진실이 무엇인가를 배운다. 인문서를 읽을 때는 새로운 세계가 보이는 것 같은 통쾌한 희열을 느낀다. 이런 기쁨을 어디에서 만나볼 수 있겠는가.

일본 최고의 독서가인 다치바나 다카시(立花隆)는 독서에 관해 다음과 같이 언급하였다. '도서관은 평생대학이며 책은 언제든지 만날 수 있는 평생의 교수다.' 그러면서 그는 독학에 왕도는 없다고 하였다. 오로지 책을 통해 도달해야 한다는 것이다. 책을 멀리하는 요즘 젊은 세대들에게 일러주고 싶은 말이다.

지금까지 책에 대해 이야기했지만 나의 책읽기는 심오한 학문세계나 고답적인 지식탐구를 위한 공부가 아니다. 읽는 순간 내용을 잊어버리면서 다만 즐기는 것일 뿐……. 그러나 오늘도 책을 찾아 읽는 것은 마치 모래 속에서 진주를 찾듯 가슴 속을 후련하게 해주는 한 구절의 빛나는 명구, 책 속에 숨어있는 그 감동을 만나기 위해서다.

《수필과 비평》 2003. 가을호

# 거북이 방생기放生記

물고기를 좋아하는 아들이 지난 봄, 예쁜 수족관을 하나 설치해 주었다. 물속에 꾸며 놓은 장식물들이 바닷속을 들여다보는 것처럼 아름다웠다. 물고기들은 마치 바다 밑을 헤엄치듯 바위와 수초가 어우러진 어항 속을 잠시도 쉬지 않고 움직이며 놀았다. 수족관의 물고기가 야생 민물고기여서 노는 것이 생동감 넘치고 활발하였다. 두 사람이 살고 있는 덤덤한 집안에 움직이는 물고기의 모습은 심심치 않은 구경거리가 되어 어린애 재롱을 보듯이 즐거운 시간을 보낼 수 있어 좋았다.

우리가 이렇듯 물고기를 좋아하자 아들은 효도하는 마음이 들어 이번에는 새끼거북이 한 마리를 사 들고 왔다. 동전 크기만한 초록색 거북이었다. 난데없는 거북이라니. 물고기를 좋아한다고 거북이까지 좋아하는 것은 아닌데, 우리는 원래 거북이를 좋아하지 않았다. 그러나 우리를 위해 비싼 돈을 주며 사 온 아들이 섭섭해 할 것 같아 싫은 내색을 할 수는 없고, 여간 난감한 일이 아니었다.

거북이를 기르는 일은 물고기처럼 간단하지가 않았다. 아들은 거북이를 놓고 가면서 마치 젖먹이 어린애를 떼어 놓고 가는 어미처럼 주의 사항이 많았다. 첫째 따뜻해야 하고 하루 한 차례씩 햇볕에 내놓아 운동을 시켜야 하며 거북이의 몸에는 푸로넬라 균이 있으니 손으로 만져서는 안된다고 했고, 먹이도 정해 놓은 것을 아주 적당량만 줘야지 그렇지 않으면 너무 빨리 자라서 곤란하다는 것이었다. 이것을 탈 없이 제대로 키우려면 여간 세심한 주의를 하지 않으면 안 될 것 같았다. 붕어라면 들여다 보는 재미라도 있지만 도대체 무슨 취미로 이 성가신 일을 한단 말인가. 생각할수록 귀찮은 생각이 앞선다.

거북이를 좋아하는 아들네 손녀들은 틈틈이 전화를 해서 거북이의 안부를 묻고 주말이면 찾아와 맡겨놓은 새끼의 건재健在여부를 살피듯 거북이부터 점검한다. 우리는 임자들의 뜨거운 관심 때문에라도 거북이에게 정성을 기울이지 않을 수 없었다. 일러 준 대로 운동도 시키고 먹이도 주고 밤이면 춥지 않게 밤바람을 막아 주는 등 거북이 한 마리의 시중이 만만치 않았다. 어떤 것을 소유한다는 것은 그만큼 번거로움을 더하는 일이라고 말한 법정스님의 〈무소유론〉은 이런 경우 너무도 적절한 진리였다.

두어 달을 거북이를 보살피며 분망한 나날을 보냈다. 거북이는 사람을 놀라게 할 때가 종종있었다. 건드려도 움직임이 없고 먹이를 주어도 반응이 없어서 도무지 키우는 맛이라곤 없었다. 어느 때는 물체 같이 가만히 있으면 죽었는지 살았는지 알 수 없어서 놀랄 때가 한두 번이 아니었다. 특별히 애정이 있어서가 아니라 아무리 미물이지만 내 집에 들어 온 이상 하나의 생명이 집안에서 죽는 것은 기분 좋은 일이 아니며 그것을 돌본 사람으로 어느 정도의 책임을 면할 수는 없기 때문이다.

그러나 흉보면서 정이 든다는 말이 있듯이 번거롭지만 날마다 돌보는 동안에 차츰 들여다 보는 시간이 많아지고 마음이 가기 시작하였다. 정물 같은 존재 자체가 이상하게 관심을 끌었다. 한시도 멈추지 않고 어지럽게 노는 물고기를 볼 때는 보는 사람의 마음도 따라서 부산해지는데 미동도 없이 돌 위에 엎디어 침묵하고 있는 거북이의 고독한 모습은 마음을 조용히 가라앉게 하였다.

먹이를 주어도 거들떠보지 않고 건드려도 반응 없는 그 의연함, 그것은 깊은 사유에 젖어 있는 명상가를 연상시킨다. 거북이의 그 느린 동작과 의뭉스러움은 동화 속에서 약삭 빠른 토끼와 대비되어 어릴 때부터 우리와 너무 친숙하다. 느리고 느린 걸음으로 감히 경쟁이 될 수 없는 토끼와 달리기를 해서 그 교만을 이긴 성실한 거북이, 용왕의 병을 고치기 위해 꾀 많은 토끼를 용궁까지 데리고 간 충직한 거북이, 정직하고 착한 동물로 비유되는 거북이를 그래서 우리 손녀들이 좋아하는가 보다.

나는 우리 집 거북이를 보면서 가끔 이런 옛이야기를 생각하지만 지금 우리 거북이는 너무 어리고 가엾다. 성냥알갱이보다 작은 머리와 보일 듯 말 듯 달고 있는 네 개의 발, 그래도 그 발을 천천히 움직여 돌맹이 위에도 올라 앉고 물 속에서 꼬물대기도 한다. 만지면 부서질 것만 같은 실낱 같은 목숨이 어느 바다에서 태어나 그 여린 생명을 부지하면서 오늘 우리 집 거실에까지 오게 되었단 말인가. 침묵하고 있는 거북이를 보면 푸른 바다가 그리워 깊은 시름에 잠겨 있는 것 같아 애처롭다. 어미도 친구도 다 잃고 홀로 떨어져 낯선 어항 속에 있으니 외로움이 사무치리라. 그 절대의 고독은 인간에 대한 항거로 보이기도 한다.

어느 날, 거북이를 한참 들여다보던 남편은 아무래도 이 놈을 제 고향으로 돌려보내야겠다는 말을 하였다. 말하자면 불교에서처럼 방생을 하자는 것이었다. 심오한 종교적 뜻이 있어서가 아니고 거북이를 놓아 주는 것이 순리일 것 같아서 그런 생각을 하였다는 것이다. 그러나 어느 것이 더 거북이를 위하는 것인가. 어쩌면 사나운 물고기가 들끓는 위험한 물 속보다 집에서 사육되는 것이 훨씬 안전할 수도 있다. 그러나 거북이의 입장에서 보면 인간에게 사육되기 보다는 그가 태어난 세상에서 거북이답게 사는 것이 더 나을 것이라는 결론에 이르렀다. 여름방학 어느 하루, 우리는 손녀들을 데리고 한강에 나갔다. 처음 아이들의 반대는 완강하였다. 그들을 설득하는데는 한 편의 동화 같은 이야기를 꾸며야 했다. 거북이의 고향, 바다. 푸른 바다에 살고 있을 거북이의 가족, 친구, 그리고 모든 생명이 살아가는데 중요한 자연적인 환경과 조건, 우리 거북이는 이제까지 사람에게 억지로 붙들려 불행했다가 지금 그리운 고향으로 간다는 것 등…….그래서 아이들은 울음을 그치고 행복한 마음으로 거북이를 보내기로 했던 것이다.

물가에 거북이를 놓았다. 처음에는 놀란 듯 다시 기어 나왔다. 그 동안 온실에서 고이 살던 거북이는 거친 물결 앞에서 무서웠을 것이다. 그러나 잠시 후 본성을 찾은 듯 물을 향해 기어가더니 이내 물살에 밀려 보이지 않았다.

"거북아, 잘 가. 사랑해."

손녀들은 거북이가 헤엄쳐 간 강물을 보며 외쳤다.

# 나의 삶 나의 문학

## 1. 추억의 땅 일산

우리가 살던 시절은 편안하고 안정된 세월이 아니었다. 국토는 남북으로 나뉘고 사상은 좌우로 갈리어 시국은 불안했고, 게다가 너 나 없이 끼니를 걱정해야하는 어려운 형편이어서 인심은 흉흉하였다. 더구나 일산은 경의선이 지나고 있는 그 지방 교통의 중심지로 각양각색의 사람들이 다양한 생업에 종사하면서 각박하게 살아가는 어설픈 고장이었다. 빈부의 격차도 심하여 관공서의 관리를 비롯하여 이름난 개성부자도 있었으며 많은 농토를 소유한 토박이 부농도 있었다. 그러나 대부분의 사람들은 장터에서 소규모의 장사를하는 영세상인이거나 막일을 하면서 고달프게 살아가는 서민이었다. 그들이 서로 부대끼며 그 신산한 세월을 살아가기 때문이었을까. 주변에서는 크고 작은 사건들이 끊임없이 잇달아 자고나면 동네에 새 이야기거리가 생기곤 하였다. 그래서 잊지 못할 추억이 더 많은 것인지도 모른다. 어린 나이에 해방, 전쟁, 빈곤을 몸으로 겪어 왔기에 그 추억은 아름답고 낭만적이기보다 무섭고 힘들었던 기억이 더 많다. 그러나 오히려 그 궁핍했던 환경이 우리를 철들게 하였으며 세상의 문리를 일찍 터득하게 하여 험난한 시절을 꿋꿋하게 견뎌낼 수 있었던 것 같다.

반세기 후에 일산은 지금 발전하는 신도시가 되어 우리를 부르고 있다. 어릴 때 같이 자란 나의 친구들은 모두 추억 많은 그 일산을 사랑한다. 나도 세상 어느 곳보다 일산을 잊지 못해 오늘 이 글을 쓴다. 사랑하는 일산, 거기엔 내 쓸쓸한 어린 날이 있고, 정서의 토대가 된 기차소리와 나를 일찍 철들게 한 수많은 이야기가 있다. 나는 그 스산한 시절에 문학에 눈을 떴다.

## 2. 일찍 철든 아이

조국이 해방된 이듬 해 내가 초등학교 4학년일 때, 우리 가족은 기차 정거장이 있는 일산역 근처로 이사를 하게 되었다. 서울에서 시흥으로 또 다시 김포로 직업상 몇 해에 한 번씩 이사를 하시던 아버지가 이번에 일산으로 근무지를 옮기신 것은 순전히 우리들 교육문제 때문이었다. 우리를 서울에 하숙시킬 형편도 못되고 달리 교통수단이 있는 것도 아니어서 소위 역세권이라 할 수 있는 일산으로 이사를 하게 된 것이었다.

일산은 경의선 연변의 기차 정거장으로 서울과 개성 중간쯤에 있는 읍규모의 소도시였다. 시내에 나가면 경찰서 전매청 등 몇 개의 번듯한 공공건물이 있고 사람도 많아 시골 역전 치고는 꽤 번화한 편이었다. 처음 이사 와서 우리는 새 친구들과 어울려 심심하면 장거리로 놀러다녔다. 시골서 살다 온 우리에게는 모든 것이 신기한 구경거리였다. 닷새에 한 번씩 서는 장날의 풍경은 또 얼마나 볼만했던가. 장이 서는 날이면 인근의 농촌에서 사람들이 줄지어 장터로 몰려들었다. 그 때는 사람들의 옷차림이 대부분 흰 빛깔이어서 백의민족답게 백차일을 친 듯 장터가 환하였다.

시장 뒤 편으로 가면 우시장이 있었는데 그 곳에서는 수많은 소들이 주인의 손에 이끌리어 매매되고 있었다. 목돈이 거래되는 현장이라 그런지 그곳은 다른데서 볼 수 없는 활기가 있었다. 우리 어린 친구들은 그 곳을 좋아하였다. 그처럼 많은 소들이 한자리에 모여 있는 것도 구경거리지만 자신의 운명이 어찌 될 지도 모르는 채, 순하고 커다란 눈을 껌벅이며 가끔가다 지루한 듯 "음헤에…"하고 울면서. 먹이를 씹고 있는 소들의 모습이 처량해 마음이 측은해지곤 하였다.

장날이 아니더라도 우리의 놀이터는 주로 장거리였다. 이사 온지 얼마 안 된 어느 날이었다. 그날도 아이들과 같이 장터로 놀러 나갔다가 국밥집인 〈미생옥〉 앞을 지날 때였다. 갑자기 안에서 그릇 깨지는 소리가 요란하고 가슴을 찢는 듯한 여자의 날카로운 비명소리가 들렸다. 그러더니 잠시 후에 엉성하게 매달린 출입문이 단숨에 부서지면서 술 취한 어른들이 멱살을 잡은 채 한길로 튀어나왔다. 그들은 고래고래 악을 쓰며 성난 황소처럼 거칠게 싸우는 것이었다. 싸우는 소리에 놀란 사람들이 삽시간에 몰려들어 구경을 하고 있었으나 그 험악한 기세에 눌려 누구도 말리려하지 않았다. 열어 젖힌 문 사이로 집안이 들여다 보였다. 집안은 흡사 난리를 치르고 난 것처럼 모습이 참담하였다. 엎어진 테이블은 다리를 거꾸로 세운 채 쓰러져있고 물이 고여 질척한 바닥에는 깨어진 그릇들이 여기저기 산란하게 흩어져 있었으며 더욱 놀라운 것은 좀 전에 매를 맞은 여자가 헝크러진 머리를 수세미처럼하고 그릇들을 주워 담으며 흐느끼고 있었다. 더 할 수없이 처참하고 살풍경한 광경이었다. 너무도 놀랍고 무서워 가슴이 떨리고 다리도 후둘거렸다. 왜 여자는 그처럼 무자비하게 맞아야했는지, 그 남자들은 왜 그처럼 결사적으로 싸워야했는지 어린 나로서는 알 길이 없었으나 어른들은 누구도 아이들에게 그 이유를 말하려하지 않았다. 아마도 치정사건이 아니었나 싶다.

이 날의 기억은 정서의 밑바닥에 침전되어 지금까지도 문득 문득 떠오르곤 한다. 그것은 내가 처음으로 보게 된 불행의 전형이었다. 사람들의 삶이 얼마나 무섭고 살벌한 것인가를 보여 준 현장이기도 하였다. 그 날 저녁 나는 계집아이가 술주정뱅이의 싸움질이나 구경 다닌다고 아버지에게 호된 꾸지람을 들었지만 그런 것은 보지 말았어야 했다.

## 3. 평화 그리고 전쟁

우리 집은 동네가 시작되는 초입에 있었다. 대문 앞길은 정거장을 오가는 한길이어서 통근차가 오고 가는 출퇴근 시간이면 많은 승객들이 왕래하였다. 교통수단이 기차밖에 없었던 시절이어서 서울이 직장이거나 학생들은 기차를 이용할 수 밖에 없었다. 우리 동네는 타관사람이 들끓고 있는 시내와는 달리 농가가 많아 비교적  안정되고 평온한 마을이었다. 그 중에는 큰 집을 지니고 사는 부잣집도 더러 있었는데 그 가운데서도 우리 이웃인 황씨네는 인근에서 알아주는 부자였다. 사람들은 그 집을 황부자집이라고 하였으나 그 집은 또한 우리반 옥녀네 집이기도 하여서 나는 항상 옥녀네 집이라고 하였다.

옥녀네 집은 동네에서 유일한 기와집이었다. 집 주인인 옥녀 아버지는 항상 화가 난 듯 표정이 근엄하고 무서워보였다. 기와집 큰 내청에서 그의 아버지가 고함을 칠 때면 아랫 사람들은 숨을 죽이고 벌벌 떨었다. 나는 그런 황부자를 보면 어쩐지 만화에서 본 놀부를 연상하곤 하였다. 고래등 같은 기와집이 그랬고 무서운 얼굴이 그랬으며 부자라는 것이 그랬다. 그러나 실제로 옥녀 아버지는 놀부 같이 인심 고약한 심술쟁이는 아니었다. 우리가 쌀이 귀해 밀가루로 조석을 때울 때 황부자는 가끔 쌀 말을 보내왔고 밀가루 음식을 싫어하는 나를 불러 흰 쌀밥을 먹이곤 하였다.

많은 사람이 남루하게 살 때, 그 집은 항상 잔칫집처럼 모든 것이 풍부했고 사는 모습은 귀족처럼 우아했다. 이것이 내가 처음 본 부자의 모습이었다. 옥녀는 언제나 좋은 옷을 입고 좋은 신발을 신고 학교에서는 특별한 대접을 받았다. 그러나 그의 얼굴에는 늘 그늘이 드리워져 있었는데 그것은 그의 어머니가 계모였기 때문이었다. 옥녀는 물론 어미 잃은 콩쥐처럼 구박을 받는 신세는 아니었으나 부자집 딸답지 않게 말이 없고 풀이 없었다.

나는 옥녀네 식구들에게 관심이 많았다. 여학교에 다니는 언니 둘은 천사 같았고 일류대학에 다닌다는 두 오빠는 너무도 훌륭한 사람으로 보였다. 서울에서 공부하는 두 오빠는 자주 볼 수 없었으나 집에서 기차통학을 하는 언니들은 가끔 볼 수 있었다. 큰언니는 운동선수였다. 그는 운동선수답게 집에 있는 날이면 선그라스를 끼고 화려한 스카프를 휘날리며 자전거를 타고 학교 운동장과 일산시내를 신나게 달리곤 하였다. 그럴 때에 그 언니는 너무나 멋져 주변 사람들의 화제가 되었다.

여학교 2학년이던 작은언니는 문학소녀였다. 예쁜 얼굴에 조신한 성품은 애련한 분위기를 느끼게 하였다. 그는 깨끗한 옷차림을 하고 뒷동산 숲길로 산책을 나갈 때가 많았는데 언제나 작은 책을 끼고 다녔다. 그럴 때도 활기 넘치는 운동선수 언니와 달리 작은 언니는 천사같이 조용하고 고결해 보였다. 그녀가 항상 들고 다니는 책은 시집이었다. 동생인 옥녀의 말을 빌면 그녀는 시인이 되고 싶어 한다는 것이었다. 내가 중학생이 되었을 때, 그 언니는 나에게 소월시집을 비롯하여 서양의 명시집을 자주 빌려주며 시를 공부해보라고 하였다. 그것은 내가 처음으로 읽은 세계의 명시였다. 시가 무엇인지 몰랐지만 이 아름다운 언니가 하는 거라면 나도 같이 하고 싶었다. 전쟁이 나지 않았다면 그 언니도 나도 어쩌면 시인이 되었을지도 모른다.

옥녀의 두 오빠들은 볼 기회가 드물었다. 들리는 말로는 두 오빠가 좌익운동을 한다고 하였다. 새벽 통근 길에 가끔 불온한 '삐라'가 뿌려져 동네가 뒤숭숭할 때가 있었는데 그런 일에 그의 오빠중 한 사람이 관련되어 있다고 하였다. 그런 일이 있으면 경찰이 마을에 나타나 엄중한 눈초리로 마을을 살피고 무엇인가를 조사 하는 등 동네의 공기가 삼엄하였다.

전쟁 때 황부잣집은 곡간의 쌀을 풀어 굶주리는 마을 주민들에게 나누어 주고 피난민들에게 숙식을 제공하면서 어려움을 함께 겪었다. 난리통에 그의 오빠는 서울에서 공산당의 높은 일을 한다고 하였다. 그 일로 인하여 9.28 수복 후 치안이 혼란스러울 때 옥녀네는 그의 아버지, 두 오빠, 큰 언니와 중3이던 작은언니까지 다섯 식구가 부역죄로 몰려 그 유명한 일산 숫고개 금광굴로 끌려가 처형 당했다. 이 와중에서 겨우 살아 남아 목숨을 부지한 옥녀는 정신이상이 되었다.

전쟁은 평화롭던 한 집안을 송두리째 뒤집어 쑥대밭을 만들었다. 그것은 무서운 재앙이며 죄악이었다. 시인을 꿈꾸던 착한 소녀가 죄 없이 죽어야 하고 동경과 선망의 대상이었던 한 집안이 졸지에 풍비박산 되는 가공할 폭력, 공자는 전쟁이 무엇이냐고 묻는 제자에게 〈아비가 자식의 무덤을 파는 것이라〉고 하였지만, 구태여 이런 설명을 듣지 않더라도 우리는 전쟁의 참상을 체험으로 배운 불행한 세대였다.

## 4. 결핍의 소산

우리는 종가 집이었다. 아버지는 집안을 대표하는 종손으로 선대부터 내려오는 토지를 지키면서 비교적 여유 있게 지낼 수 있었다. 그러나 광복 후 단행된 토지개혁으로 우리의 모든 땅은 경작자인 소작인에게 헐값으로 분배되어 아버지는 속절없이 빈손이 되셨다. 몇 해에 걸쳐 분할 상환된 토지 보상금은 땅값이라고 하기엔 너무도 미미한 푼돈이었다. 이재에 밝은 사람들은 토지를 종중의 위토로 신고하는 등 이렇게 저렇게 법의 테두리를 비켜가기도 했으나 워낙 세상일에 고지식한 아버지는 아무런 대책 없이 빈곤의 나락으로 전락하고 말았다.

일시에 재산을 잃고 식구들의 호구를 걱정하지 않으면 안되는 현실 앞에서  종가의 장손으로 세상 모르고 살아 온 아버지는 너무도 무력한 가장이었다. 게다가 유교적 전통 속에서 양반은 죽어도 겻불을 쬐지 않는다는 선비정신으로 삶을 일관해 오신 아버지에게 교직이 천직이었던 것처럼 가난 또한 운명인양 그 어려운 여건 속에서도 한숨 한 번 쉬지 않으셨고 가난을 부끄러워하거나 한탄 한 번 없이 묵묵하게 극심한 빈곤을 감수 하셨다. 우리가족은 끼니를 거르면서도 교사는 이렇게 가난한 것인가 보다고 운명처럼 감수하였다. 그러나 아버지의 이런 의연함은 가족의 고통이라는 희생이 전제되지 않으면 안되었다.

6 · 25 전쟁이 나기 전 해에 나는 중학생이 되었다. 이 무렵에는 근근히 버텨오던 집안형편이 거의 밑바닥까지 이르른 상태였다. 도저히 학비조달이 불가능한 상황이었으나 교육자셨던 아버지는 그래도 자식 교육만은 포기할 수 없어 우선 중학교 입학시험이라도 치러놓고 보자는 심정이셨다. 합격을 하면 학비마련이 막연했지만 그렇다고 부모로서 시험마저 못 보게 할 수는 없었던 것이다. 불행하게도 합격이 되던 날, 좋아서 어쩔 줄 모르는 아이들 틈에 끼여 나는 아버지의 깊은 한숨을 들었고 나 또한 큰 잘못이라도 저지른 아이처럼 아버지의 어두

운 얼굴을 쳐다보며 마음이 무거웠다.

그 때 돈으로 천원 없는 오 만원이 입학금이었다. 쌀 한 말이 힘들었던 우리에게는 말할 수도 없는 큰돈이었다. 우리 형편이나 아버지의 힘으로 그것은 불가능한 일이었다. 아버지는 고심 끝에 학교에 찾아가 일시불로 납부해야 하는 입학금을 몇 차례 나누어 내기로 합의를 보고 입학허가증을 받아 오셨다. 급한 불은 껐으나 그것은 당장의 위기만을 모면했을 뿐, 근본적인 해결책이 될 수 없었다. 나는 수도 없이 서무실에 불려가 빚쟁이처럼 납입금 독촉에 시달려야했다.

중학교 일 학년 말에 서울시내 모든 학교가 참가하는 〈서울시학생예술제〉가 있었다. 나는 그 때 〈입학수속금〉이라는 제목으로 입학금에 얽힌 이런저런 이야기를 솔직하고 진실하게 써서 응모하였다. 원고지 20매정도의 긴 산문이었다. 그것이 산문부문에서 일등을 하였다. 개인적으로는 영광이었지만 학교에서는 글의 내용상 가난한 학생에게 몰인정했다는 비난을 면할 수 없어 조금 문제가 된 것 같았다. 그러나 이 조그마한 영예는 나로 하여금 글에 대한 관심과 애정을 갖게 하였으며 오늘까지 흔들림 없이 문학을 내 삶의 곁에 머물게 하였다.

예술은 결핍의 소산이라고 말 한다. 황량한 시절의 무섭고 쓰라린 경험들은  열두 살 어린 아이를 더 이상 철들 필요 없게 세상에 대한 인식을 몸으로 터득하도록 하였다. 그리고 글을 쓰게 하였다. 만일 내가 좋은 환경에서 걱정 없이 사는 유복한 철부지였다면 〈입학수속금〉 같은 글은 쓸 수 없었을 것이다. 어릴 때 황부잣집 언니가 시를 좋아해서 나도 시인이 되고 싶었다. 그러나 나는 시를 쓸 수 없었다. 세상은 너무 삭막하고 산문적이어서 시적 환상을 용납하지 않았다. 우리 세대는 시를 잃어버린 세대다. 내 수필이 삶의 사실적인 현실에 초점이 맞추어 지고 서사적일 수 밖에 없는 것은 불행한 시대의 산물이라고 생각한다.

## 5. 나의 길 문학의 길

나는 작곡가 신중현을 좋아한다. 허기와 외로움을 달래기 위해 미친 듯이 기타를 치고, 서양의 〈록〉음악에 한국인의 정서와 가락을 접목시켜 우리 고유의 독창적인〈록〉가요를 정립한 전쟁고아 신중현의 음악을 들으면 글이 쓰고 싶어진다. 그의 철저한 장인 정신과 예술을 향한 치열한 도전의식이 감동으로 가슴을 뛰게 하기 때문이다.

또한 〈옥이이모〉를 쓴 김운경의 작품을 보면 글이 쓰고 싶어진다. 김운경의 드라마에는 착하고 진실하게 살아가는 서민들의 애환과 고운 꿈이 있다. 그들은 교회의 유창한 설교 한 번 들은 적 없어도, 유식한 인생강의 한 번 들은바 없어도 사람이 살아가는 도리와 행복이 무엇인지 안다. 너무 가난하여 싸구려 신발 한 짝 가지고 싸우고 십 원 짜리 내기화투를 치며

핏대를 올리면서 잠시나마 고달픈 현실을 위로 받는다. 연탄 장수와 대포 집 아줌마의 가난하지만 아름다운 사랑, 작가 김운경은 그런 사람들을 사랑하지 않을 수 없어서 세세한 부분까지 놓치지 않고 작품으로 형상화 한다. 작가의 따뜻한 가슴과 섬세한 시각이 나를 사로잡는다. 김운경은 작가의 사명이 무엇인가를 깨닫게 한다. 얼마나 치열해야 좋은 글을 쓸 수 있을까. 얼만큼 인생을 사랑해야 좋은 글을 쓸 수 있을까. 신중현의 음악을 들으면, 김운경의 드라마를 보면 늘 이런 고민에 빠진다.

나는 글재주가 없는 사람이다. 어려서부터 지금까지 다만 읽는 것, 쓰는 것을 좋아하면서 살아왔을 뿐이다. 어떤 여건에서도 이것은 흔들림이 없었다. 내가 만일 농부農婦였다면 콩밭 매는 밭이랑에서 글을 구상했을 것이고 공장의 노동자였다면 시끄러운 기계음 속에서 문장을 외었을 것이다 나는 살림을 하는 주부였기에 시장 길을 오가면서 글을 구상했다.

봄이 되면 주택가에는 낡은 집을 허물고 새 집을 짓는 곳이 많다. 주택가의 봄은 언제나 집 짓는 사람들의 활기찬 고함소리와 힘차게 돌아가는 레미콘의 굉음소리로 시작 된다. 나는 그 현장이 좋아 시장길을 오갈 때마다 호기심 많은 아동처럼 한참씩 서서 구경을 하곤 하였다. 거기에는 집을 짓는 사람들의 소박한 꿈이 있고 설레임이 있다. 그래서 쓴 글이 〈집을 짓는 사람들〉이었다.

언제나 사람들이 들끓는 시장에는 치열한 생존의 실체가 있고 정직한 삶의 이야기가 있다. 변성기(變聲期)도 아닌데 허구헌날 소리쳐 외치는 바람에 어른처럼 목소리가 쇠어버린 나이 어린 생선장수, 너무도 잘 생긴 사장같은 사람이 납작한 판자집에서 온종일 팔리지 않는 빵을 굽고 있는 권태로운 얼굴, 그런가 하면 몇 푼의 손익을 놓고 사생결단으로 싸우는 살벌한 풍경, 평생을 서민들이 사는 변두리 주택가에서 그들의 애환을 목격하며 살아왔기에 나의 작품세계는 언제나 사람이 살아가는 절실한 현실과 삶의 모습이 있을 뿐, 고도의 관조나 명상적인 것이 없다. 삶이 곧 문학이기 때문이다.

글을 쓰기 시작하고 꽤 많은 시간이 흘렀다. 그러나 흰 백지 앞에서 언제나 자신 없는 초보다. 당나라의 불우한 시성 두보杜甫는 '만권의 책을 읽으니 붓끝에 신이 오른 듯 시가 써 지더라' 라고 하였다. 감히 그런 경지는 아니더라도 내가 쓰는 단 한편의 수필이, 단 한 줄의 문장이 민들레 씨앗처럼 누구의 가슴에 고운 무늬로 깃들고, 쥐똥나무 꽃같이 숨어서 향기로운 글이 되기를 꿈꾸어 본다.

어린 날, 내가 처음 써 본 글은 〈거지〉라는 제목의 작문이었다. 그 때부터 시작된 나의 문학은 결핍의 소산이다. 내가 만일 태평한 시절에 태어나 고생을 모르고 살았다면 이 힘든 글 안 썼을지도 모른다. 그러나 그 결핍은 내 인생을 무엇보다도 풍요롭고 부유하게 해 준 정신의 지주였다.

≪에세이 문학≫ 2003. 겨울

# 봄이 오는 소리

추운 날이었다. 아끼던 제자가 얼마 전 포장마차를 시작했다고 해서 찾아갔다. 바람 부는 빈터에 붉은 천막을 치고 모서리마다 꼬마전구를 장식해 놓은 포장마차가 그의 가게였다. 출입문 앞에는 단정한 글씨로 메뉴를 적은 종이가 선전 문구처럼 천막에 붙여져 있었다. 그 글씨체가 낯 익은 제자의 글씨였다. 〈과매기〉얼마 〈닭곱창〉얼마 〈낙지볶음〉얼마…. 그 외에 몇 가지 음식이 행인들의 시선을 끌기 위해 여기저기 걸려 있었다. 경험도 없는 사람들이 저렇듯 여러 가지 음식을 제대로 할 수 있을까 안주가 시원치 않으면 사람들이 안 올 텐데 우선 그 걱정이 앞섰다. 밤이면 골목길에서 자주 눈에 띄는 포장마차. 남이 하는 것은 밤거리의 낭만적인 풍경으로 볼 수 있었는데. 막상 사랑하는 제자가 하게 되니 그것은 낭만도 무엇도 아니고 단지 치열한 생존의 현장일 뿐이었다.

사십 대 중반인 제자는 초등학교 삼 년간 나와 같이 공부하였다. 그는 어렸을 때부터 글씨를 뛰어나게 잘 썼다. 지금처럼 컴퓨터가 없던 시절 글씨쓰기는 매우 중요한 학습의 기본이어서 공책을 보면 공부를 어떻게 하는지 짐작을 할 수 있었다. 그의 글씨는 어제나 칭찬을 들었고 아이들에게 모범이 되었었다. 세월이 흘러 삼십 여년이 지났어도 잘 쓰던 솜씨는 여전하여 지금은 포장마차 안주감을 광고하는데 발휘되고 있었다.

포장마차 제자는 내가 친아들처럼 아끼는 몇 사람 제자 중의 하나이다. 인품이 어질고 성실하여 지금까지 한결같은 마음으로 친숙하게 지내고 있다. 수재는 아니었으나 그는 어린 시절 꾸준하게 공부를 열심히 하는 모범생이었다. 숙제가 아무리 많아도 어김없이 잘해 왔고 다른 아이들이 싫어하는 궂은 일을 꾀 부리는 일 없이 묵묵하게 혼자 해내곤 하였다. 열 살 남짓한 어린아이지만 그가 보여주는 믿음직한 자세는 누가 보아도 될성부른 나무로 그의 장래에 기대를 갖게 하였다. 그래서 나는 우리 아이들을 키우면서 늘 그를 본 받으라고 일렀다.

그림을 잘 그렸던 그는 화가가 되고 싶다고 하였고 글쓰기에도 소질이 있어 시인이 되고 싶다고도 하였다. 그러나 그는 가업을 잇기 위해서 대학의 섬유공학과를 나와 부모님이 경영하던 섬유회사에 들어갔고 나중에는 그 회사의 사장이 되었다. 부모님이 닦아 놓은 기반 위에서 건실한 인품과 노력으로 한

동안 꽤 성공을 거두고 있었는데 중국제품이 들어오면서 국내의 섬유업은 급속도로 퇴조하기 시작했고 규모가 작은 중소기업은 살아남을 수가 없었다. 힘든 여건 속에서도 회사를 살려 보려고 무척 애를 썼으나 결국은 회사를 정리하기에 이른 것이다.

그는 사십 대의 가장이었다. 한창 교육비가 많이 드는 아이들이 중요한 성장기에 있었고 부양해야 할 부모님이 계셨으며 갚아야할 부채도 있었다. 한시도 백수로서 무위도식할 수 있는 형편이 안 되었다. 그는 이제 사장도 아니었고 중산층도 아니었다. 모든 것을 잃고 막막한 현실에 던져진 이 땅의 사십 대였다. 한 때는 대학을 나온 엘리트로 기업가의 꿈을 키워가던 유망한 젊은이었으나 오늘 빈주먹으로 바람 부는 거리에 서게 된 것이다.

제자의 소식을 처음 들었을 때, 나는 잠을 이루지 못했다. 내 마음이 아픈 것은 직업에 대한 귀천이나 편견 때문이 아니었다. 한창 활기차게 일할 나이에 그가 겪었을 참담한 좌절이, 사오정이니 삼팔선이니 하는 말이 예사로 통용되는 사회현실에서 졸지에 생활기반을 잃고 방황하는 제자의 모습은 이 나라 수 많은 사 십 대들의 실상이며 언제 닥쳐올 지 모르는 내 아이들의 모습이기도 해서 우울하였다.

시대가 이렇게 변할 줄 알았으면 이 험한 세상 당차게 살도록 영악하게 가르칠 것을. 수신교과서적인 이야기만 하면서 착하고 정직하고 양보하면서 살아야 한다고 가르쳤었다. 제자들의 고생에는 세상을 잘못 짚은 무능한 교사의 책임도 있는 것 같아 마음이 무거웠다.

제자의 가게는 수유 사거리 주택가 골목 초입에 있었다. 자리는 잘 잡은 것 같았다. 비닐로 된 쪽문을 밀고 안으로 들어서니 썰렁한 공간에 둥근 탁자가 몇 개 놓여 있고 연탄난로에서는 물이 끓고 있었다. 뜻밖에 나타난 우리를 보자 제자 내외는 너무도 반가워하였다. 어릴 때 선생님을 보고 좋아하던 천진한 표정 그대로 구김살 없이 밝았다. 그러나 찬물에서 일을 하다 나온 듯 우리를 잡아주는 그들의 손이 얼음장 같이 찼다. 나나니처럼 몸이 약한 그 아내의 가느단 손가락이 찬물에 얼어서 빨갛게 부풀어 보였다. 비록 웃고 있으나 그들의 고생이 어떤지 말하지 않아도 짐작이 갔다. 우리는 뜨거운 차를 마시면서 좌절을 딛고 일어선 그의 용기 있는 결단에 아낌없는 격려를 보냈다.

"선생님 죄송합니다. 출세한 제자들은 텔레비전에 은사님들도 잘 모시고 나오던데, 저도 그러고 싶었어요." 그의 음성에 쓸쓸함이 서린다. 머지않아 그런 날이 올 것이라는 말을 나누며 우리는 일어섰다. 그는 문 밖에 나와 우리를 배웅하며

"열심히 살아 보겠습니다. 지금은 이래도 봄이 오면 차츰 나아지겠지요 걱정하지 마세요." 확신에 찬 그의 밝은 음성이 그늘졌던 마음에 봄의 소리처럼 한 가닥 희망을 준다. 지금도 봄은 분명 어디쯤 오고 있겠지. 봄이 오면 그들의 손도 더 이상

얼지 않을 것이다

올 겨울은 유난히 춥다. 많은 사람들이 힘들게 이 추위를 견디고 있다. 어두운 터널 같은 겨울. 그 길은 멀고 험하다. 그러나 그 터널 너머에 봄이 있다는 것은 얼마나 위안인가.

'뉘라서 겨울더러 춥다더냐
오는 봄만 맞으려 말고 내 손으로 만들자.'

포장마차 제자가 어렸을 때, 우리는 새 해 노래를 신나게 부르며 환희의 봄을 기다렸었다.

그들은 지금 봄을 만들고 있는 것이다.

(2006년)

# 아름다운 강북

도봉산 근처에서 산 세월이 어언 40년이다. 정릉에서 처음 살림을 시작해 지금까지 열 번이 넘는 이사를 다녔지만 언제나 미아리, 창동, 중계동 등 뛰어봐야 부처님 손바닥이라고 도봉산 언저리를 벗어나지 못했다. 그래서 이 곳은 이제 우리 집 제2의 고향이 되었다.

남편은 평생 동안 직장생활을 이 부근에서 하였고 아이들도 이 곳에서 태어나 어른이 되었으므로 곳곳에 그들의 유년이 깃들어 있다. 지금도 미아리 언덕길을 지나노라면 빨간 신발주머니를 휘두르며 "엄마 오늘 한 번 잘해 볼게." 하면서 비탈길을 신나게 달려가던 아이들의 모습이 생각난다. 우리는 이지에 나갔다가도 멀리 도봉산이 보이면 마음이 놓이고 편안해진다. 고향이 가깝고 산이 가까워 그럭저럭 정들어 살다보니 저절로 평생 연고지가 되었다.

이 곳은 도봉산을 중심으로 주변에 크고 작은 산이 많아 산을 좋아하는 남편한테는 더 없이 살기 좋은 곳이다. 마치 도봉산이 우리의 산인 것처럼 남편은 산이 있는 이 고장을 사랑하면서 여기에 살고 있는 것을 만족스럽게 생각하고 있다. 70년대 초 친지들이 하나 둘 강남으로 가면서 여러 차례 함께 움직여 보자고 권유한 바 있으나 고향이 멀어진다는 것과 정든 산을 떠난다는 것이 쉽지 않아 그대로 머물러 오늘에 이르렀다.

그러나 강남이 교육과 문화의 중심이 되고 부의 대명사로 상징되는 특정지역이 되고부터  우리가 정들어 살아 온 강북은 모든 면에서 낙후된 지역이 되어 버렸다. 주변에 아무리 풍광 좋은 명산이 있어도 그것이 자랑이 되지 않는다. 예나 이제나 산 빛은 변함이 없고 내 고장을 사랑하는 마음도 변하지 않았으나 세태 따라 변하는 민심이 마음을 서글프게 한다.

대부분의 친구들이 강남 분당 등지에 살기 때문에 그 쪽 나들이를 자주하는 편이다. 강남이 발전하기 전에는 명동이나 인사동에서 만났었으나 이제는 친구들이 강북까지 오려고하지 않아서 내가 그들에게로 간다. 강남 쪽으로 갈 때면 주로 전철을 타고 한강을 건너게 된다. 한강은 언제 보아도 경치가 좋다. 드넓은 강폭에 넘칠 듯 그득한 강물, 유유히 흐르는 유람선, 푸른 물결 위에 수를 놓은 듯 눈부신 윈드서핑의 영롱한 날개, 거기에 운치를 더 해 주는 한강 다리들, 이 모든 풍경이 한데 어우러진 한강은 잘 그린 한 폭의 그림처럼 평화롭고 아름답다. 그 중에서도 항상 내 눈길이 머무는 곳은 무지개처럼 떠 있는 다리들이다. 그 다리들을 보면 옛날이 생각난다.

예전에는 한강 철교와 인도교 등 몇 개의 다리밖에 없었다. 그래서 강을 건너는 일이 용이하지 않아 강가에는 나루터가 있었고 강을 건너 주는 나룻배가 있었다. 전쟁 중에는 한강 다리가 끊어져 많은 사람이 생명을 잃었으며 공산치하에서는 목숨 걸고 강을 건너다 죽음을 당하기도 하였다. 수복 후에도 도강증이 있어야 건널 수 있었기 때문에 한강 건너는 일이 아주 힘들었다. 이처럼 불편이 많았던 한강에 지금은 스무 개가 넘는 다리가 놓여져 누구라도 쉽게 오갈 수 있게 된 것을 보면 감회가 새롭다.

그러나 다리가 많다고 강 넘기가 쉬워진 것은 아니다. 강남이 신기루처럼 점점 높아지고 이 나라 부유층이 모여 사는 특별구가 되면서부터 한강은 아무나 넘을 수 없는 강이 되었다. 한강은 이제 부와 빈곤을 가르는 경계가 된 듯 싶다. 그 경계는 너무도 견고하여 우리 같은 강북시민들은 도저히 넘어 설 수가 없다. 많은 사람들의 꿈이 강남시민이 되고 싶은 것이라고 한다. 그래서 돈 벌고 출세한 사람들은 강남으로 간다.

강남에는 몇 해 사이에 부유층으로 상승한 친지들이 많다. 강북에서는 같은 서민이었으나 강을 건너가더니 재력 있는 부유층으로 확고하게 자리를 잡았다. 살아 가는데 돈이 전부가 아니라고 자위를 해보지만 그들을 만나고 돌아 오는 길은 항상 마음이 쓸쓸하다. 이 시대는 아무래도 남녘에 길운이 있는가 보다.

가난을 벗어난 그들이 이 시대의 당당한 승자처럼 느껴질 때, 어쩔 수 없이 밀려드는 무력감, 배운 대로 욕심 부리지 않고 부끄러움 없이 살아왔건만 그들 앞에서 나는 왜 이렇게 초라한가. 어쩐지 세상을 잘못 산 것 같은 자괴감이 들어 허탈하다. 나는 별 수 없는 속물인 것 같다. 부의 분배가 균등하게 이루어져 모든 사람들이 위화감이나 울분 없이 골고루 평화롭게 사는 세상은 언제나 올 것인가.

노래 속에서의 '강남'은 서정적인 정감을 주는 것이 많다. 봄바람이 불어 오는 곳, 제비가 겨울을 지내는 따뜻한 나라. 친구 따라 강남 간다는 아름다운 우정, 우리는 아련한 그리움으로 강남을 상상하며 노래했었다. 서울의 강남도 모든 사람에게 기쁨을 주는 행복하고 평화로운 땅이었으면 좋겠다.

강 건너에서 북쪽을 바라보면 어디에서나 북한산 인수봉과 도봉산이 보인다. 멀리서도 눈부신 봉우리들이 수려하다. 고향의 지붕 같은 산, 마음이 무겁다가도 그 산이 보이면 편안해진다. 그래서 그 언저리를 맴돌며 평생을 불평 없이 살아왔는데 이제 와서 무슨 불만인가. 욕심을 버리라고 산은 말하는 것 같다.

오늘도 도봉산은 푸르다. 그리고 강북에는 많은 사람들이 산다. 유구한 세월 도봉산이 한결같은 빛깔로 푸르른 것은 크고 작은 나무들이 한데 어우러져 숲을 이루고 그 산을 사랑하는 많은 생명들이 산을 지키기 때문인 것처럼 우리의 강북이, 오늘도 변함없이 여전히 아름다운 것은 시절의 변화에도 동요없이 내 고장을 사랑하며 자신의 삶을 지키는 소박한 사람들의 마음이 있기 때문이 아닌가 싶다.

(2005년)

# 인사동의 분꽃

여름 날, 인사동 골목에 가면 분꽃을 많이 보게 된다. 분꽃이야 어디서도 볼 수 있는 흔한 꽃이지만 나날이 옛 정취가 사라져가는 인사동에서 분꽃을 보게 되면 고향 친구를 만난 듯 언제나 반갑다.

인사동 거리는 해가 다르게 현대식 건물이 들어서고 사람들의 왕래가 빈번하여 점점 화려해져서 서울의 여느 거리와 다를 바 없이 되어 간다. 그것도 시대의 흐름인 것을 막을 수 있겠는가고 체념을 해보지만 일말의 허전함을 어쩔 수 없다. 그래도 다행인 것은 큰길을 비켜서면 지난 시절 우리네 서민들이 살던 골목이 그대로 보존되어 있는 점이다. 그것은 전통가옥 보존을 위한 정부의 특별한 정책 때문이다. 큰길을 벗어나 조붓한 골목길로 들어서면 양편에 아담한 단층 한옥들이 추녀를 맞대고 나란히 서 있는데 그 집들은 대부분 음식점들이다. 외관은 옛 모습 그대로 둔 채 내부는 현대식으로 개조해 작은 음식점을 하거나 조촐한 찻집을 차리고 있다. 요즘 개업하는 세련된 집들에 비하면 시설도 보잘것없고 답답한 감이 없지 않으나 옛 정취가 그리워 인사동을 찾는 사람들은 그래도 이 곳의 문화와 전통을 사랑하여 발길을 끊지 못하고 그러다 보면 정이 들어 인사동 사람이 되는 것이다. 우리도 십여 년 넘게 매월 인사동에서 모임을 갖는다. 시내 어느 곳에서나 교통이 편리하여 쉽게 올 수 있고 마음 편히 쉴 수 있는 아담한 찻집도 많아 어느 새 인사동 단골이 되어 버렸다.

이것저것 볼거리가 다양한 인사동은 사람마다 그 취향에 따라 관심의 방향이 다르다. 여러 곳에서 열리고 있는 전시회를 둘러보기 위해 오는 사람도 있고, 고서점의 단골도 있으며 전통 공예품이나 골동품을 찾아 일부러 오는 사람이 있는가 하면, 현대와 전통이 함께 공존하는 인사동 특유의 문화적 분위기가 좋아 찾는 사람도 있다.

내가 인사동을 좋아하는 것은 이런 사람들과는 좀 다르다. 조금이나마 옛날의 흔적을 더듬어 볼 수 있는 골목길이 좋다. 비록 내부가 개조 되었다고는 해도 겉보기에 옛 모습 그대로인 아담한 가옥들은 우리의 어린 시절을 생각나게 한다. 비좁은 터전에 추녀를 잇대고 서 있는 골목의 작은 집들은 보기에 정겹고 아늑하다. 불과 반세기 전만 해도 우리 어머니들은 그런 집에서 알뜰히 살림을 하며 자식들을 키웠다.

집안의 내부는 어느 집이나 비슷비슷하였었다. 아담한 일각 대문을 열면 바로 문간방이 있었고 안으로 들어서면 마당 한 옆에 수도가 있었다. 실내 다용도실이 없던 때라 어머니들은 주로 수도가에서 일을 하셨다. 찬거리를 씻고 빨래를 하고 여름이면 아이들 목욕도 시키고…. 그래서 안마당은 어머니가 만드는 분주함으로 활기가 있었다.

공간 없이 이웃과 오밀조밀 붙어 있는 주택의 구조는 옆집의 모든 소리를 다 듣게 되어 있었다. 도마소리, 물소리, 웃음소리, 싸움소리, 이처럼 거침없이 들려오는 소리를 통해 이웃의 생활을 짐작할 수 있었고 서로가 숨길 것도 감출 것도 없이 자연스럽게 이웃사촌으로 정이 드는 것이었다. 위층에서 조금만 소리가 나도 경비실에 신고를 하고 옆집에서 사람이 죽어도 모르는 지금의 세태에 비하면 그 시절 인심이야말로 가히 고전에 속할 이야기다. 따스한 봄날이나 바람이 서늘한 가을날, 햇살 가득한 인사동 골목에 가면 마음이 평화로워진다. 작은 뜨락에 꽃을 심는 어머니들의 모습이 보일 듯 싶고 어디선가 청아한 가을 다듬이 소리 들릴 것만 같다.

요즘도 인사동 사람들은 꽃을 사랑하는 것 같다. 문전마다 추녀 밑에 손바닥만한 꽃밭을 만들어 지나는 사람들의 눈길을 끈다. 그 작은 화단에는 인사동답게 우리네 전통 화초들이 자라고 있다. 봉숭아, 백일홍, 홑겹채송화. 분꽃 등…. 지금은 시골 고향에 가도 잘 볼 수 없는 이런 꽃들은 세월도 시절도 잊은 채, 세련된 도시의 뒤안길에서 옛날 소박한 모습 그대로, 수줍고 수수한 자태로 고향을 그리워하는 길손들의 향수를 달래준다.

나는 그 중에서도 특히 분꽃에 마음이 간다. 분꽃의 강인한 생명력은 어디에서도 한결같아 어느 곳에 뿌리를 내려도 무성하게 잘 자란다. 억센 줄기는 노동자의 손마디처럼 거칠고 험하여 척박한 땅이나 화분에서도 잘 자라고 웬만한 가뭄이나 비바람에도 끄떡없이 잘 자라 큼직큼직한 하트형의 잎은 언제나 푸르러 보기에도 시원하다. 그러나 이 시원스런 잎과 억센 줄기에서 피어 나는 분꽃은 너무도 곱고 여성적이다.

별을 좋아하는 시인처럼 분꽃은 저녁에 핀다. 낮에는 붓끝같이 야무지게 꽃잎을 다물고 있다가 해가 설핏해지면 기다렸다는 듯이 수많은 꽃송이가 환호하듯 일제히 피어 꽃무리를 이룬다. 꽃대가 긴 별 모양의 꽃송이는 색깔이 곱고 다채로워 어떤 꽃보다 색스럽다.

분꽃을 보면 고향의 언니들이 생각난다. 긴 긴 여름날 뜨개질을 하거나 수를 놓던 언니들은 장독대 옆에서 분꽃이 하나 둘 피기 시작하면 “어머 벌써 저녁 할 때가 됐네.”하면서 하던 일을 정리하고 밥을 하러 일어서곤 하였다. 또한 언니들은 분꽃의 향기를 맡으며 향기로운 분이 까만 씨알 속에 들어 있다고 하였다. 새까맣게 여문 분씨를 쪼개보면 그 속에 정말 깨끗한 분가루가 들어 있어서 우리는 언니들의 말을 사실로 믿으며 신기해 하였었다. 이래서 분꽃을 보면 고향의 어둑한 산 그림자와 언니들이 저녁쌀을 씻던 우물가를 떠올리게 된다.

인사동 사람들도 분꽃을 좋아하는 것 같다. 추녀끝 좁은 꽃밭마다 약속이나 한 듯이 분꽃을 심어 놓고 있다. 그들도 나처럼 꽃을 보며 고향의 저녁을 그리워 하나보다. 인사동에서 만남이 있는 날은 대개 저녁때까지 있게 된다. 그 때가 되면 꽃밭에 분꽃이 약속처럼 피어 있다. 우리는 모두가 반기면서 신기한 듯 꽃을 들여다 본다. 도시 한 복판에 피어 있어서 더욱 시골스러워 보이는 꽃, 이 분꽃의 고향은 어디인가. 어쩌다 고향을 떠나 낯선 도시의 뒷골목에 뿌리를 내렸는가. 그 조상먼 뿌리를 짚어 올라가면 분명 한적한 시골 어느 마을 담장 밑이거나 장독대 옆이 본향일 것이다. 그래서 인사동의 분꽃은 두고 온 고향이 그리워 그처럼 찬연한 빛깔로 도시의 저녁을 밝히고 있는가. 인사동의 분꽃은 고향을 생각하게 한다. 그리고 도시에 와 부대끼며 사느라고 잃어버린 어린 날의 정서와 순수했던 꿈을 생각하게 한다. 인사동에는 분꽃이 많다.

(2003년)

# 2부

# 2월의 단상

2월은 1월과 3월, 사이에 있는 작은 달이다. 열두 달 모두 서른 날을 채우고 있는데 그 사이에서 해마다 이삼 일 적은 날 수로 못 다 자란 미숙아처럼 끼여 있다. 모자라는 날 수만큼이나 특징도 자랑도 없어서 한 옆에 있는 듯 없는 듯 우리의 관심에서 조금쯤 밀려나 있는 달이기도 하다. 그것은 마치 잘나고 당당한 형제들 틈에 누구의 주목도 받지 못한 채, 풀 죽어 살고 있는 착한 아우 같다. 열두 달을 가만히 살펴보면 달마다 우리의 관심을 끄는 표정이 있다.

새해가 시작되는 1월은 소망과 기도의 달이다. 비록 헛된 꿈으로 끝날 지라도 우리는 새로운 마음가짐으로 새해의 첫 달을 맞이한다. 연말연시의 어수선함이 가라앉을 때 쯤 2월이 된다. 그래서 2월은 별다른 인상을 주지 못한 채 맥 빠진 기분으로 시들하게 지나치는 경우가 많다. 첫 날이 역사적인 3.1절로 시작되는 3월은 봄맞이 계절이다, 전국의 신입생들은 새 옷을 입고 입학을 한다. 무릇 천지의 생명이 약진을 시작하는 달, 3월에는 희망과 환희가 있다.

서구의 시인이 잔인하다고 노래한 4월은 우리 금수강산에 꽃 무리가 현란한 달이다. 그 때는 쥐똥나무에도 숨어서 꽃이 핀다. 신록이 눈부신 5월, 담장마다 장미가 피는 달. 5월의 신부는 어느 때보다도 싱그럽다. 녹음이 짙은 6월. 6월이면 모든 산이 푸르름으로 부푼다. 성하의 7월 숨 막히는 더위, 염천의 치열함이 살아있음을 실감하게 하는 달이다. 뜰 앞에 칸나가 피빛으로 불타는 8월, 또한 해변의 낭만이 젊은 가슴들을 열정과 희열로 들끓게 하는 달이다. 산기슭의 구절초가 피는 9월, 이 땅에 가을이 온 것이다. 그 때쯤이면 풀벌레들은 상복으로 갈아 입고 밤새워 구슬프게 울어댄다. 10월이 되었다. 천지에 단풍이 눈부시다. 이 달은 결실의 계절로 땅 위에 감사와 기쁨이 충만하다. 사색과 침묵의 11월, 나무들은 옷을 벗고 거짓 없는 실상을 보여주며 우리에게 정직과 진실을 가르친다. 그리고 마침내 12월, 다사했던 열두 달의 막은 서서히 내리고 크리스마스 캐롤과 세모의 불빛이 거리에 넘치면 사람들은 한 해의 세월을 기억 속에 접는다.

어느 날이고 특성을 과시하고 있는데 내세울 것 없는 2월은 색깔 없는 무채색처럼 싱거워 보인다. 그것은 마치 이름 있는 정거장 사이의 작은 간이역처럼 한산하고 조용한 느낌을 준다. 2월은 겨울과 봄 사이에서 잠시 머물다 가는 세월의 간이역이다. 쓸쓸한 들녘이나 호젓한 산 모퉁이에 꿈처럼 서 있는 작은 간이역, 어쩌다 타고 내리는 몇 사람의 승객을 위해 열차는 그 곳에서 잠시 쉬었다 간다. 그러나 외로운 간이역이 여행자의 마음에 더 깊은 인상을 남기는 것처럼 무엇인가 모자라 보이는 2월에 정이 갈 때가 더 많다.

입춘으로 시작되는 2월은 봄이 오는 길목에 있다. 강가의 얼음이 그대로 있고 때로는 폭설이 내리기도 하지만 그것이 겨울의 마지막 허세임을 알기에 우리는 2월의 한파를 겁내지 않는다. 햇살이 따스한 날 눈을 들어 먼 산을 보면 등성이 산마루가 물기로 번들거린다. 겨우내 굳었던 산의 얼음이 녹아 내리는 것이다. 해토의 계절 2월에는 메마른 나무에 수액이 돌고 잿빛 실가지에도 아련하게 푸른 기가 감돈다. 땅 속에서 잠자는 씨앗과 벌레들이 깊은 잠에서 부스스 눈을 뜨는 달, 보이지 않는 곳에서 남 모르게 다가 오는 봄의 숨결을 우리는 2월에 느낀다. 봄날의 찬란함은 그 터전을 마련하는 2월이 있기 때문에 가능한 것이다. 2월은 조용하다. 그러나 살아 있는 달이다.

우리의 일상 속에서의 2월은 부산하고 바쁜 달이다. 2월은 학교생활과 밀접한 관계가 있어 학생이 있는 집은 일년 중 가장 할 일이 많은 때이다. 각급 학교는 졸업식을 하고 아이들은 학년이 바뀌며 진학이 결정 된다. 특히 대학 진학을 앞 둔 아이들에게 2월은 인생의 진로가 정해지는 중대한 시기여서 생애 중 가장 중요한 달이다. 한 편에서는 대학생이 되어 기쁨에 들떠있고 다른 한 편에서는 대학에 낙방하여 좌절감에 빠져 있다. 그래서 2월은 희비가 엇갈리는 달이다.

나는 해마다 2월이면 아들이 재수할 때 생각이 난다. 그 해 2월은 입춘이 와도 봄을 느낄 수 없었던 한 겨울 터널이었다. 아들이 대학진학에 실패하였던 것이다. 함께 공부한 친구들은 대학생이 되어 꿈에 부풀어 있을 때 아들은 묵은 교과서를 다시 챙겨 들고 입시학원을 찾아 가야 했다.

학원에 나가기 시작한 첫 날, 그 날은 2월인데도 날씨가 추웠고 낮게 내려 앉은 회색빛 하늘에서는 거위 털 같은 눈이 지향 없이 휘날리고 있었다. 망연한 기분으로 눈 내리는 허공을 보며 앞으로 아들이 감당해야 할 시간을 헤아려 보았다. 아직 잎도 피지 않은 나무에 새 잎이 돋고 그 잎이 자라 단풍들어 다시 나목이 되는 세월, 그 때가 되어야 아들의 고행이 끝난다. 그것은 너무도 아득한 시간이었다. 그 해 2월은 참담하였다. 지금도 수많은 엄마들이 우울한 2월을 보내고 있을 것이다. 그러나 인생의 승부가 대학에만 있는 것이 아님을 그들이 빨리 깨달았으면 좋겠다. 재수기간이란 인생의 2월 같은 것, 봄의 길목에서 지나야할 간이역 같은 것이 아닌지….

지금은 2월, 달력을 다시 본다. 올해도 2월은 28일이다. 2월이 제 몫의 날짜를 양보하기에 해마다 삼백육십오 일이 차질

없이 맞춰지는 것이다. 미숙아 같은 모자람으로 시간의 질서를 지켜 주고 보이지 않는 곳에서 봄을 부르며 좌절하는 젊은 이들과 한숨을 함께 하는 2월, 나는 2월의 그 겸허함이 좋다.

(2004년)

# 목련이 있는 뜰

우리집 뜰에는 목련 한 그루가 서 있다. 이사 오던 첫 해 무엇보다도 우리가 먼저 한 것은 뜰에 나무 한 그루를 심는 일이었다. 뜰이랄 것도 없는 비좁은 터에 나무부터 심은 것은 내 집 마당에 나무를 심어 가꾸어 보고 싶었던 오랫동안의 꿈을 실현한 것이었다. 목련은 우리 집에 온 날부터 온 가족의 각별한 관심 속에 아낌을 받는 귀한 나무가 되었다.

어느 덧 십여 년 자라서 이제 큰 나무가 된 목련은 높은 담장을 훌쩍 넘어 몸체의 반은 밖으로 내밀고 안으로 번은 가지는 좁은 마당을 덮은 채 이층 슬라브에 걸려 불편한 자세로 서 있다. 넓은 터에서 마음껏 자랐다면 훨씬 크고 잘 생긴 모습이었을 것을 우리와 인연을 맺게 되어 거북하게 서 있는 것을 보면 늘 안쓰러운 마음이 든다. 그러나 목련은 불우한 환경을 아랑곳하지 않고 지성으로 제 몫의 삶을 살아 내면서 사시사철 우리에게 위안과 기쁨을 준다.

일년 중 가장 먼저 피는 꽃이 목련이 아닌가 싶다 한겨울 추위가 고비를 넘겼는가 싶으면 벌써 메마른 가지 끝에 매달린 고동색 꽃망울에서 백옥 같은 꽃잎이 보일 듯 말 듯 반짝인다. 한 번 꽃잎이 부풀기 시작하면 다투어 꽃망울이 터져서 어느새 목련나무에는 수 많은 백조의 무리가 앉아 있는 것처럼 눈부시다. 세상에 어떤 백색이 이보다 더 순결할 수 있을까. 화려하면서도 고결하고 사치스러우면서도 소박하다. 목련이 필 때면 우리 식구들은 마음이 너나 없이 흐뭇해져서 지난 겨울 추위도 잊고 이사하려던 생각도 잊고 꽃 그늘에 취하곤 한다.

봄날, 눈부신 목련을 보고 있으면 빛깔에서나 자태에서나 꽃 중의 꽃이라는 생각을 하게 된다. 특히 우리집 목련은 다른 집에 비해 꽃송이가 탐스러워 사람들의 눈길을 끈다. 꽃이 한창일 무렵 때 맞추어 달이라도 떠 있으면 꽃가지의 흰빛과 푸른 달빛이 한데 어우러져 환상적인 정취를 느끼게 한다. 옛 시인은 달빛에 핀 흰 배꽃을 노래하였다지만 이 밤 달빛 그윽한 목련을 보고 누구인들 한 수의 시를 생각하지 않으랴.

그러나 열흘 붉은 꽃이 없다. 목련의 아름다움도 다른 꽃과 마찬가지로 열흘을 넘기지 못하고 나비떼처럼 바람에 불려 땅으로 떨어진다. 꽃송이의 우아함에 비해 어수선한 속기가 보여 영화의 무상함을 느께게 된다. 허지만 꽃잎을 떨군 목련은 또 다른 모습으로 우리에게 기쁨을 준다. 꽃이 지고 나면 기다렸다는듯이 등걸같이 보이던 나무가지에서 일제히 연두빛 새순이 돋는다. 그것은 힘찬 함성 같고 그것은 또한 약동하는 생명의 맥박같기도 하다

눈을 뜬 잎새들은 마치 구겨진 종이가 펴지듯 한 순간도 멈추지 않고 빠른 속도로 커진다. 새 잎이 돋는가 싶으면 어느새 나무는 반짝이는 초록빛 새 옷을 입고 마당을 푸르게 덮는다. 6월에 접어 들면 잎이 펴져 나무의 부피가 커지면서 우리 집은 완전히 충충한 그늘 속에 묻히게 된다. 나무가 안마루 유리문을 가로 막고 안방의 동창을 막고 섰으니 가뜩이나 깊은 마루가 더욱 어둡게 보인다. 그러나 우리는 그 답답함을 모르고 산다. 오히려 한여름의 열기를 막아 주어 어느 계곡에 와있는 듯 싱그럽고 서늘해 좋다.

몇 년 전, 이사할 생각으로 집을 부동산에 내놓은 적이 있었다. 그 때 집안에 드리워진 그늘이 말썽이었다. 소개하는 노인은 좁은 터에 어쩌자고 목련을 심어 어둡다면서 목련을 베어 버리면 손쉬울 것이라고 말했다. 우리에게는 더 없이 소중한 나무였지만 어떤 사람에게는 쓸모없는 장애물이었던 것이다. 그 사람이 하도 큰 소리로 떠들어서 나는 목련에도 귀가 있어 그 소리를 들었을 것 같아 목련에게 송구했다. 이제 우리는 목련이 없는 뜰을 상상할 수 없다. 비록 그것으로 인해 현실적으로 어떤 불이익이 될지는 모르겠으나 목련과 함께하는 사계

의 정서와 풍요로움을 놓치고 싶지 않아 그대로 살아가고 있다.

칠팔 월의 뜨거운 햇살에 몸을 익힌 목련은 입추가 지나면 한풀 꺾여 노오란 빛으로 쇠잔해진다. 가을이 깊어 하늘이 바다 빛깔로 깊어질 때 목련은 찬란하게 단풍이 들어 서 있다. 이때의 목련은 꽃에서 느낄 수 없는 성숙한 비장미를 보여 준다. 이른 봄 순백의 꽃송이가 추위를 이겨낸 승자의 모습이라면 만추에 빛나는 황금의 잎새들은 긴 여름 뜨거운 햇빛과 한발을 견뎌낸 노고의 훈장은 아닐는지.

목련의 잎새들은 11월 중순이 되면 떨어진다. 갈색의 낙엽들이 함박눈처럼 날리며 좁은 뜰에 쌓이면 우리는 그것을 모아 뿌리를 덮는다. 보이지 않는 어느 곳에서 생명으로 왔다가 아낌없이 살다가 마지막에는 자신의 뿌리로 회귀하는 목련의 한살이를 지켜보면서 우리는 엄숙한 자연의 질서를 배운다. 꽃 필 때, 꽃 피고 잎 날 때, 잎 나고 끝날 때면 기꺼이 시들어 떨어지는 목련, 자연에 순응해 가는 조용한 변화는 생성과 소멸로 이어지는 생명의 근원을 가르친다.

일 년내 어둡던 집안이 겨울이면 밝아진다. 잎 떨군 목련이 볕을 막지 않아서다. 앙상한 가지 사이사이로 볕이 들어 마당에 가득하다. 우리가 햇빛을 피할 때면 잎을 키워 그늘을 드리워 주고 따뜻한 볕이 필요하다 싶으면 잎을 다 떨구어 햇볕을 들게 하는 목련, 말귀 알아듣는 식구처럼 제 구실을 한다.

우리 집은 지은 지가 오래 되어서 난방이 잘 안된다. 찬바람만 불기 시작하면 겨울 지낼 일이 여간 걱정이 아니다. 그래서 몇 해째 아파트로 갈 계획을 세우고 있다. 그러나 춥게 겨울을 지내고 봄이 되면 우리는 지난 겨울의 고생을 까마득하게 잊고 또 눌러 살곤한다. 목련이 먼저 알고 긴 겨울 잠에서 깨어나 화사하게 웃으며 우리의 마음을 잡고 섰으면 이사할 생각 같은 것은 흐지부지 되고 목련을 쳐다 보며 또 한해를 그럭 저럭 넘기는 것이다. 그것은 마치 인도에 살고 있다는 한고조寒苦鳥라는 새의 생리와 같다. 그 새는 게을러서 집을 짓지 않는다. 낮에는 따뜻한 햇볕에서 즐겁게 놀다가 저녁이 되면 한데서 추위에 떨며 내일은 세상 없어도 집을 짓겠노라고 밤새도록 운다는 것이다. 그러나 아침이 되어 해가 뜨고 언 몸이 녹으면 어제밤의 결심은 까맣게 잊고 정신없이 놀고 있다가 밤이면 또 울고…. 이러기를 되풀이하면서 살아가는 한고조처럼 우리도 그렇게 산다.

우리는 날이 갈수록 시세가 없어지는 강북 퇴락한 주택가 옛 집에 남아 한 그루 목련을 보물처럼 지키면서 오늘도 마음이 풍요롭다.

(1990년 봄)

# 강촌에 가고 싶다

해마다 여름이면 강마을이 그리워진다. 너무도 유명한 두보의 시 〈강촌〉이 생각나기 때문이다. 평생을 궁핍과 고난 속에서 방황하던 두보가 모처럼 안정을 얻어 성도의 완화계에 초당을 짓고 잠시 소강상태에 있었을 때 〈강촌〉을 썼다.

한줄기 푸른 강물이 마을을 휘감아 도는 기나긴 여름날 강마을은 일마다 한유롭다고 시작되는 〈강촌〉은 첫 구절부터 읽는 사람의 마음에 그윽한 평화를 준다. 강물 위에서 한가롭게 노니는 흰 물새와 추녀 끝을 드나드는 제비들의 부산한 날갯소리, 그 조용한 여름날, 아이들은 철사를 두드려 낚시 바늘을 만들고 늙은 아내는 종이에다 바둑판을 그린다. 아이들의 단조로운 망치소리 들리는 듯하고 그지없이 단란한 초당의 풍경이 눈에 보이는 듯하다. 그러나 가족들의 행복한 하루를 노래하고 있는 두보는 이미 늙고 병들어 약에 의존하지 않으면 안 되는 자신의 신병을 안타깝게 한탄하면서 마지막 구절을 끝내고 있다. 서정 짙은 〈강촌〉은 언제 다시 읽어도 감흥이 새롭다.

이 시의 발원지인 중국의 성도 완화계를 찾아가 보고 싶은 것이 나의 꿈이다. 그러나 자꾸 미루어져 이제는 할 수 없이 손쉽게 찾아갈 수 있는 국내의 여러 강변을 더듬으면서 〈강촌〉 비슷한 마을을 찾는 것이 여름의 나들이가 되었다. 강마을이 있을 것 같아서 춘천 못 미처에 있는 기차 정거장 〈강촌〉역에 내린 적도 있고, 집에서 멀지 않은 한탄강, 임진강 한강 하류지역을 찾아가기도 한다. 때로는 멀리 동강 섬진강 나루터를 찾을 때도 있다.

그러나 천 삼백 년 전, 그것도 중국의 강마을과 비슷한 곳을 찾아 헤맨다는 것은 무리인지도 모른다. 푸르게 흐르는 강물은 예나 이제나 변함이 없지만 사람들의 인심이나 사는 모습은 옛날 같지 않아서 여름 강변은 잘못 찾아들면 오히려 마음을 상하기 쉽다. 경치가 괜찮다 싶어 들어서면 장터처럼 사람으로 북적이고 피서객을 위한 팬션이나 민박집이 곳곳에 즐비하여 도심 못지않게 피곤해지기 일쑤다 .어쩌면 우리가 찾는 강촌은 이 세상 어디에도 없는 세월 저 편의 사라진 환상인 수도 있다. 그러나 여름이면 재발되는 병처럼 강촌에 가고 싶어진다.

두보의 시에는 강을 노래한 것이 많다. 〈강촌〉, 〈애강두〉, 〈춘일강촌〉, 〈곡강〉처럼 강자체가 제목이 된 것도 적지 않고 강이 소재가 되거나 언급된 것도 수십 편에 이른다. 두보가 특별히 강을 좋아했다기보다 그가 살던 지리적 환경이 바다와 멀고 산보다는 강이 많았기 때문이 아닌가 싶다. 그에게 있어서 강은 낭만적인 시심을 일깨우는 풍류의 강이 아니었다. 곤고한 삶 속에서 그가 만난 강에는 언제나 슬픔과 우수가 강물처럼 흐르고 있었으며 그의 강은 또한 현실의 고독과 울분을 달래 준 위안이며 구원이기도 했다. 강과 인연이 깊었던 시인 두보는 만년에 이르러 병든 몸을 이끌고 전란에 쫓겨 방황하다가 끝내 강가에서 숨을 거두었다.

강에서 죽은 두보는 역사상 가장 불우한 시인이었을 것이다. 예술을 고난의 소산이라고 하지만 그 말이 갖는 비정성에 대해서 가끔 생각하게 된다. 불후의 명시를 남기기 위해서 그가 전 생애에 걸쳐 겪어야 했던 모진 고초는 인생으로서 과연 값진 것이었는지. 생각하지 않을 수 없다. 정치에 참여해서 요순시대 같은 이상 국가를 만들어 보겠다는 것이 꿈이었으나 그는 등용되지 못한 재야의 선비로서 일정한 직업 없이 일생을 떠돌며 헤매야 했다. 정의감이 강한 그는 위정자들의 부정과 부패를 울분에 찬 시로서 고발했고 또한 휴머니스트였던 그는 자신의 고통보다도 힘없는 백성의 고통을 더 아파했으며 그들에 대한 애민정신을 시 곳곳에 눈물처럼 아로새겼다. 귀족들의 대문 안에는 고기 썩는 냄새가 진동을 해도 길가에는 얼어 죽은 시체가 뒹굴고 있다면서 부조리한 사회를 통탄했고 이렇듯 영화와 빈한이 지척을 두고 갈리고 있는 현실에 그 처량한 느낌을 이루 말할 수 없다고 슬퍼하였다.

가장으로서 직업이 없다는 것은 그 때나 이 때나 절박하고 암담한 일이다. 전란 통에 자식이 굶어 죽는 참상을 목격해야 했고 추위와 굶주림 속에서 가족을 이끌고 수도 없이 유랑해야 했다. 그는 시 〈북정〉에서 누더기로 몸을 감추고 있는 가족들의 비참한 정경을 너무도 생생하게 묘사하고 있다.

> 자식들은 애비 보고 뒤돌아 울며, 때 투성이 발에는 버선도 없네
>
> 침상 앞에 두 계집아이는 꿰맨 옷으로 무릎을 가리웠어라
>
> 옷조각의 바다 그림, 파도가 짤리고, 수 놓은 낡은 무늬 줄들이 뒤틀렸네
>
> 천오신 그림과 수 놓은 봉황새가 조각 댄 조끼에 거꾸로 달렸어라

나는 힘들었던 시절 이 구절을 읽으며 수도 없이 눈물을 흘렸다. 가족의 남루한 모습을 이렇게 사실적으로 이보다 더 절실하게 또한 이처럼 아름답게 표현한 시를 나는 아직 읽지 못했다.

두보의 시를 처음 만난 것은 전쟁으로 무너진 가교사에서 고전문학을 배울 때였다. 무너진 폐허 속에서 처음 접한 두보의 시 〈춘망〉은 '나라가 파괴되었으나 산하는 여전하다'는 말로 시작되는 시였다. 그 다음 배운 것이 〈강남봉이구년〉. 젊은 시절 헤어졌던 이구년을 낙화시절에 다시 만난다는 서글픈 내용이었다. 바로 우리가 처한 시대상황과 너무도 적절하게 들어 맞는 구절구절은 절절하게 가슴을 울리는 감동이었고 전쟁 중에 생이별을 경험한 우리에게 〈강남봉이구년〉 또한 인생의 깊이를 느끼게 하는 아름다운 시였다.

내가 문학을 좋아하게 된 것은 아마도 일찍이 두보를 좋아했던 때문이 아닌가 싶다.

讀書破萬券

下筆如有神

만권의 책을 읽으니 붓끝에 신이 오른 듯 시가 써졌다.'고 한 두보는 시는 자기 집안의 일이라고 하였고, 시가 다른 사람을 감동시키지 못한다면 아무 뜻이 없다고 하였다. 그의 치열한 문학정신은 요즘도 준엄한 교훈으로 나를 각성시킨다. 자신이 처한 불우한 환경과 처지를 찬연한 문학으로 꽃 피운 두보는 지금도 살아있는 불멸의 시성이 아닐 수 없다. 문학을 하는 사람들에게 두보가 있었음은 행복한 일이다. 강마을 거기에는 두보의 혼이 머물고 인간이 추구하는 평화가 있다.

(2006년)

# 그리운 그 목소리 들을 길 없네

사랑하는 아우야, 오늘은 너의 회갑 날이다.

너는 십여 년 전 세상을 떠나면서 무한의 시간 속으로 돌아갔지만 이승에서 살고 있는 우리는 해마다 너의 나이를 헤아리며 오늘을 유념해왔다. 사람이 태어나서 육십 년을 산다는 것이 말처럼 용이한 것만은 아니어서 예부터 우리 동양에서는 갑년이 되는 해를 회갑 또는 환갑이라 하여 특별한 의미를 부여해왔다. 요즘은 평균수명이 길어져 회갑이 장수를 뜻하지는 않지만 그래도 관습상 그 날만은 여느 생일과 다르게 축하연을 열고 그 의미를 되새긴다.

오늘은 그처럼 뜻깊은 너의 회갑 날이다. 이 날을 기리기 위해 평소 네가 좋아하던 음식 몇 가지를 무덤 앞에 차려놓고 생전에 너를 아끼던 몇 몇 분들이 한자리에 모여 회갑잔치 아닌 회갑 추모제를 지내고 있다. 생각하면 이미 세상을 떠난 사람에게 태어난 날이 무슨 의미가 있을까 싶다만 회갑도 못살고 간 그 생애가 애절해서 사람들은 사갑死甲이라 이름 하여 불쌍한 영혼을 위로하고 추모한다. 여기에 장식된 꽃들이 장수를 축하하는 꽃다발이 아니어도, 우리가 올리는 술잔이 환희의 축배가 아니어도 사랑하는 아우야, 오늘은 네가 주인공이니 혼백이 어디에 있건 찾아와 이 자리에 함께하기를 바란다.

사람이 태어나고 죽는 것이 하늘의 일이라 인력으로 어쩔 수 없다는 것을 안다. 그러나 오 남매 중 막내인 네가 제일 늦도록 세상에 남아 우리들의 마지막을 지켜보는 것이 순리이거늘 어쩌자고 먼저 세상을 떠나 나이 많은 형에게 자신의 사갑死甲 상을 차리게 한단 말이냐. 한 뿌리에서 피어 난 나뭇잎도 낙엽이 되어 떨어질 때는 제각기 떨어져 가는 곳이 다르다고 노래한 신라 고승 월명사月明師의 제망매가祭亡妹歌에서처럼 너야말로 한 핏줄의 동기간이건만 비정하게도 먼저 떠나 이처럼 큰 슬픔을 남기게 하는구나.

어느 날 오후 백화점에 쇼핑하러 갔던 너, 그 외출이 저승으로 가는 나들이가 될 줄 누가 알았겠느냐. 세상이 험해서 문밖이 저승이라지만 하필 그 시간에 그 자리에 있었던 불운을 운명이라고 해야 할까. 팔자라고 해야 할까. 사회가 좀 더 합리적이고 견고했으면 죄 없는 네가 아까운 목숨을 왜 그렇게 잃었겠니. 그러나 이제 와서 시시비비를 가려 무엇 하랴. 너는 돌아

올 수 없는 것을….

오후 6시 10분 전, 그 시간에 백화점이 무너졌다. 창졸간에 얼마나 놀랐겠니. 생목숨이 끊어지기까지 얼마나 아팠겠니. 한동안 그 시간이 되면 안정제를 먹어야만 견딜 수 있었다. 500명의 목숨을 앗아간 그 날은 정말 어느 영화의 제목처럼 〈개 같은 날의 오후〉였다. 네가 그렇게 세상을 떠난 이후 내게 〈악몽〉이란 없다. 세상에 어떤 꿈이 이보다 더 참담하고 고약할 수가 있단 말인가. 한 번 떠난 너 소식 없고 하늘과 땅 사이 너무 멀어 그리운 네 목소리 들을 길 없구나.

우리는 살아가면서 버릇처럼 〈죽겠다〉는 말을 많이 한다. 산 사람에게 있어서 〈죽음〉이란 항상 현실 아닌 추상이고 먼 피안의 세계이다. 너도 그랬을 것이다. 그러나 너를 잃고 난 후 〈죽음〉이란 너무도 절실한 목전의 현실임을 실감하게 되었다. 〈죽음〉, 이것은 남아 있는 사람에 대한 몰인정한 배반이며 단절이고 어떤 대화도 거부하는 완강한 침묵이며 화해가 허용되지 않는 냉혹한 이별이다. 죽음만이 이런 현상들을 완벽하게 설명해 낼 수 있다. 인생이 비애인 것은 누구나 이렇듯 뼈아픈 이별을 안고 살아야하기 때문이 아닌가 싶다.

정경화의 연주를 들으면 가슴이 저리다고 했던 너. 누구보다도 음악을 좋아하고 학문을 사랑했던 아우. 산자락에 무리지어 피어 있는 찔레꽃을 유난히 좋아했었지. 지금 깊은 산, 너의 유택에는 정원에서 옮겨 심은 찔레덩굴이 무성하다. 뼈

꾹새가 우는 봄이면 해마다 찔레꽃으로 피어나 환하게 웃어라. 찔레꽃처럼 순결하고 향기롭던 아우야. 네가 얼마나 소중한 사람인가를 네가 떠난 후 비로소 깨달았으니 언제나 잃고 나서야 후회하는 인간의 어리석음을 어찌하랴.

어느 하루 네 생각 하지 않은 날이 없건만 시간이 흐르니 사건은 잊혀지고 슬픔은 깊은 곳으로 잦아들어 지금은 아무 일 없었던 듯 멀쩡하게 살아가고 있다. 그렇게 자주 보이던 꿈길에서도 이제는 너를 보는 일이 드물구나. 생과 사의 길이 이처럼 다르니 그 또한 서글픔이다. 네 생각이 간절할 때면 하늘을 본다. 생전에 누구를 해한 적 없고 크리스천으로 하나님 말씀 좇아서 아름답게 살았으니 네 영혼은 분명 천국에 있을 것이라는 믿음에서다.

오늘을 위해 며칠 전부터 준비해 왔다, 생전에 너한테 형 노릇 제대로 한 것 없어 회갑음식이나마 내 손으로 마련하고 싶었다. 이것은 아마도 내가 너를 위해 장만하는 마지막 상차림이 될 것이다. 또 언제 너를 위해 이처럼 수고할 날이 있겠니. 이제야말로 마지막 이별이 되는 것 같아 또 다시 허전하고 슬프구나.

이제 내 인생도 내일을 기약할 수 없는 나이에 이르렀으니 너와 만날 날 또한 멀지 않았으리라. 훗날, 네가 터 잡아 놓은 그 곳에서 다 못한 인연 함께 누릴 그 때를 기다리며 여생 조심스럽게 살아가련다. 너무도 그립고 보고 싶은 동생아, 오늘 회갑 축하한다. 살아 있는 사람도 회갑이 되면 차츰 인생을 정리할 때가 되었다고 한다. 이제 동생도 회갑까지 지냈으니 이승의 모든 인연 잊고 좋은 곳에서 영생하기 빈다.

동생의 사갑날에 형 백임현 (2005년 8월 15일)

# 영원한 삶의 지혜서 ≪열국지≫

몇 해 전, 우연한 기회에 동양고전에 해박한 맹난자 선생과 ≪사마천사기≫를 이야기하다가 ≪열국지≫로 화제가 이어지게 되었다 맹선생은 ≪열국지≫에 대해 폭 넓은 식견을 갖추고 있는 열열한 애독자였다. 피난을 가도 ≪열국지≫만은 싸들고 가겠다고 하면서 중국 문학에 관심이 있다면 특히 춘추전국시대를 알고 싶다면 필히 ≪열국지≫를 일독해야 한다고 적극적으로 권했다.

그 때까지 ≪열국지≫를 단순한 통속 무협지로 알고 무심했던 나는 맹 선생의 말을 듣고 마음이 급해 그 길로 열두 권 한질을 구입해 읽기 시작했다. 읽으면서 독서 삼매경이 아니라 '책에 미친 송생원' 되어 완전히 이천 년 전 고대의 전국시대로 들어가 의를 위해 목숨을 초개 같이 버리는 영웅호걸들의 용맹과 충성에 감격하고 천하를 경영하는 명군 명신들의 뛰어난 지모와 지략에 감탄하면서 ≪열국지≫에 도취되어 지냈다. 책장마다 숨어 있는 주옥같은 명구와 명언들은 시대를 초월하여 내게 깊은 깨달음을 주었고, 특히 언어감각이 뛰어난 시인 김구용 선생의 빼어난 번역은 유장하고 격조 높은 문체로 우리말의 아름다움을 최대로 살려 중국 ≪열국지≫를 원문보다 더 빛나는 우리말의 문학으로 승화시키고 있었다.

≪열국지≫를 읽으며 느낀 또 하나의 기쁨은 호중선생, 염옹, 염선, 사신史臣등 기라성 같은 시인들의 시를 읽는 즐거움이었다. 그들은 역사적 사실史實을 아름다운 시로 엮어 때로는 칭찬하고 때로는 탄식하고 때로는 날카롭게 비판하면서 역사를 증명하고 있었다. 백여 편이 넘는 시를 읽는 사이 독자들은 저절로 역사를 이해하고 분별하는 안목을 키우게 된다.

유교 문화권에서 성장한 우리는 어릴 때부터 유교적 환경에서 그 쪽 사상과 정서를 익히며 살아왔다. 공자의 말씀을 지침으로 생활의 규범과 도덕을 배웠고 유교경전을 읽으면서 인격을 성숙시켜 왔다. 어른들에게서 자주 듣던 옛 이야기도 우리가 알고 있는 고사성어의 출처도 대개가 중국이었다. 그러므로 내가 중국의 고전문학에 관심을 갖게 되는 것은 어쩌면 너무도 자연스러운 일인지도 모른다. 서구문학을 이해하려면 그리스 신화에 대한 지식이 필요하듯, 동양문학에서는 중국 고전인 ≪열국지≫의 지식이 필요하다고 생각된다.

≪열국지≫는 주周나라 제11대 선왕부터 시작해서 진秦나라 시황이 천하를 통일하기까지 550년간의 이야기다 이 시대는 역사에서 일컫는 춘추전국시대로 세계사에서 보기 드문 암흑기로 먹고 먹히는 정글의 법칙이 생존의 가치가 되어버린 어지러운 시대였다.

〈순리에 따라 무리하지 않는다〉는 주나라 왕실의 사상은 제후들의 세력이 강성해지면서 차츰 퇴색되고 제각기 부국강병의 추구와 권모술수가 소용돌이치면서 난신적자亂臣賊子들이 날뛰는 어지러운 약육강식의 시대로 접어들었다. 춘추시대 242년간 무려 483회의 크고 작은 전생을 했다니 그 당시의 난맥상을 짐작할 수 있다. 신하가 임금 죽이는 하극상이 예사로 자행되고 혈육간의 살상도 서슴치 않아 공자가 군신유의君臣有義같은 삼강오륜三綱五倫을 강조하지 않을 수 없었던 시대였다.

처음에는 200여개였던 군소제후국이 나중에는 다섯 나라의 강력한 군주만이 천하의 패권霸權을 놓고 다투게 되는 패왕霸王시대가 되는데 ≪열국지≫에서는 주로 秦의 恒公, 진의 문공, 초의 장왕, 송의 양공, 월의 구천 등 이 다섯 패왕의 이야기와 전국시대戰國時代 칠웅七雄인 일곱 나라 이야기다. 춘추시대 370년간은 오패五霸의 시대로서 그래도 그 당시의 사조는 존왕양이尊王攘夷에 있었다. 그러나 전국시대로 접어들면서는 제후마다 스스로 왕이라 참칭僭稱하여 주 왕실의 위엄은 점점 쇠퇴하기에 이르렀다.

전국시대 말기는 나날이 강대해지는 진秦의 세력을 저지하기 위해 나머지 육국이 합종合從 연횡을 반복하며 진에 대항하는 마지막 몸부림의 시대였다. 한韓, 위魏, 조趙, 연燕, 초楚 제齊 등 육국은 시시각각 다가오는 진의 위협 앞에서 기울어가는 나라를 구하기 위해 사활을 건 투쟁을 하였으나 역부족으로 차례 차례 멸망하여 결국 진에 무릎을 꿇었다. 이로서 파란만장한 춘추전국시대는 막을 내리고 승자인 시황제始皇帝는 중국 최초로 대 통일국가를 이룬다. 그것은 혈연적 봉건제가 붕괴되고 강력한 중앙집권이 확립되는 최초의 시도였다는 점에서 역사적 의미를 갖는다. 춘추 전국시대 550년간을 다룬 ≪열국지≫이야기도 여기에서 끝이 난다.

시대적 배경이 그런 만큼 ≪열국지≫가 전쟁소설로 인식되기 쉽다. 그러나 이 책은 여러 가지 원전을 통해 엄연한 역사적 사실史實에 근거하고 있어서 가공적인 소설과는 다르다. 그 시대는 천군만마의 혼전만이 아니라 지용智勇, 변설辯說, 문장文章이 새로움을 다투던 시대이기도 해서 공자를 비롯하여 한비자 손빈 등 쟁쟁한 법가 병가에 뛰어난 인물과 제자백가들이 쏟아져 나와 동양사상의 황금시대를 이루었다.

열국지를 읽으면 곳곳에서 우리 생활에 자주 인용되는 고사성어故事成語를 만나게 된다. 관포지교管鮑之交, 결초보은結草報恩, 만전지계萬全之計, 와신상담臥薪嘗膽, 오월동주吳越同舟, 파죽지세破竹之勢, 일모도원日暮途遠, 경국지색傾國之色 순망치한

脣亡齒寒같은 고사古事의 출처와 동양문학에 자주 등장하는 인물들을 거의 다 열국지에서 볼 수 있다. 이 외에도 상하가 분명한 군신간의 예절과 법도, 부부간이 지켜야 할 상호간의 품위와 도리는, 그 질서와 도덕이 엄정하고 아름다워 오늘날 우리에게도 훌륭한 귀감이 된다.

어느 한 구절, 어느 한 문장, 교훈 아닌 것이 없고 삶의 의미를 일깨우지 않는 것이 없다. 우리는 그 책을 읽으면서 군왕은 군왕답게 신하는 신하답게 사람이 제각기 자신의 본분을 충실하게 지켜갈 때 훌륭한 삶이 된다는 것을 배우게 된다. 남자라면 읽어야 하고 국가건 회사건 지도적인 사람이 되어 인생을 경영하고자 하는 사람은 누구나 읽어 보아야할 귀중한 삶의 지혜서이다.

≪열국지≫에는 수백 명의 인물이 등장하고 그 인물들이 엮어가는 유명한 일화들이 무궁무진하다 19년 망명생활 끝에 군위에 올라 강력한 패왕霸王이 된 진晋나라 문공 중이重耳', 뛰어난 지모와 지략으로 진나라를 강대국으로 상승시킨 가난한 백리해의 애절한 이야기, 열두 살에 진秦나라 정승이 된 '감나', 너무도 유명한 관중과 포숙아의 우정, 전국시대 이름을 드날리던 사군자四君子들의 이야기, 제나라의 명신 '안영晏嬰'등 이루 헤아릴 수 없이 재미있는 내용이 많다. 여기서는 지면 관계상 제나라의 명신 안영의 너무도 유명한 몇 가지 일화만을 소개하려한다.

제나라 경공 때 재상이었던 안영은 키가 5척도 못되는 작은 사람이었다. 그러나 그 명성이 모든 나라 제후들 사이에 널리 알려진 명재상이었다. 안영이 제齊경공의 분부를 받고 친선차 초楚나라에 사신으로 가게 되었다. 초나라에서는 그 유명한 안영을 이번 기회에 톡톡히 창피를 주어 초나라의 위세를 과시할 작정이었다. 안영은 특히 임기응변에 능하다고 하니 그의 말문을 막기 위한 온갖 묘책을 짜내며 벼르고 있었다.

1. 안영이 초나라 궁문에 도착하니 문을 굳게 닫은 채 사람이 겨우 들어갈 수 있는 개구멍만을 뚫어놓고 체수가 적으니 그곳으로 들어오라고 하였다. 그러나 안영은 의연하게 대답했다.

"내가 개의 나라에 왔다면야 개구멍으로 들어가겠지만 사람이 사는 나라에 왔다면 사람이 드나드는 문으로 들어가야 하지 않겠느냐." 이 말에 초의 신하들은 꼼짝 못하고 문을 열어 줘야 했다.

2. 제나라의 선왕先王이 퇴위되고 지금의 경공이 부당하게 제위에 올랐을 때 어째서 선왕을 모시던 충신이 물러나지 않고 새 임금인 경공 밑에 종사하느냐고 그것은 불사이군不事二君에 어긋나는 처신이 아니냐고 초나라의 한 대신이 비난하는 투로 안영에게 물었다. 이에 안영은 자세를 가다듬고 대답하였다.

"나라가 위기에 처해 어지러울 때 모든 신하가 다 정사를 그만둔다면 그것이 과연 국익이 되는 것인가. 죽음으로 나라를 지키는 것도 충신이요, 허나 때로는 살아서 국가를 보존하는 것도 충성이니 내 어찌 일신의 안위를 위해 목숨을 보존했다 할 수 있으리요." 이 말에 다시 한 번 초나라 대신들은 대답을 못했다.

3. 안영이 초 영왕 앞에 나가니 왕이 굽어 보면서 장난스럽게 물었다.

"제 나라에는 인물이 없소? 어찌하여 그대처럼 조그만 사람이 우리나라에 친선하러 왔는가."

"우리 제나라는 사람을 보내는데 법도가 있습니다. 현명한 사람은 현명한 나라에 보내고 못난 사람은 못난 나라에 보냅니다. 대인은 큰 나라에 보내고 소인은 조그만 나라에 보냅니다." 안영은 낯빛 하나 구기지 않고 이렇게 응대하여 오히려 왕을 당황하게 하였다

4. 안영이 왕과 대담을 하고 있는데 도적질을 했다고 제나라 사람 하나를 끌고 왔다. 초 영왕이 꾸민 연극이었다. 왕이 의기양양해서 곁에 있는 안영에게 묻는다.

"제나라 사람은 다 이렇게 도적질을 하는가?"

이 말에 안영은 서슴치 않고 대답한다.

"강남의 귤을 강북에 심으면 탱자가 된다고 합니다. 그것은 토질이 다르기 때문입니다. 제 나라 사람은 도둑질을 모릅니다. 그런데 초나라에 와서 도적질을 했다면 그것은 기후와 토질이 그렇기 때문입니다."

이 말을 듣고 초왕은 그 때부터 안영을 상좌에 앉히고 극진

한 예로써 대접했다고 한다. 이렇게 국위를 선양시킨 안영은 제나라로 돌아가 상경벼슬을 제수 받았다.

5. 어느 날, 제경공이 안영의 집으로 행차했다. 안영의 부인도 나와서 왕을 영접했다. 안영의 아내를 보고 왕이 말했다.

"저 여인이 경의 아내인가? 너무도 못났도다. 과인의 딸이 젊고 아름다우니 그대에게 주리라" 이에 안영이 정중하게 대답한다.

"여자가 시집와서 남자를 섬기는 마음은 다음날 늙고 보기 싫어질지라도 버리지 말라는 부탁과 믿음입니다. 신의 아내가 비록 늙고 보기 싫으나 이미 신은 아내로부터 그런 부탁과 믿음을 받았습니다. 이제 와서 어찌 동고동락한 아내를 저버릴 수 있겠습니까."

이 말에 제 경공은

"자네는 아내를 저버리지 않는구나! 그러니 임금을 저버릴 수 있으리요." 하면서 감탄했다 이처럼 어진 재상을 둔 나라들은 모두 부강하고 번영했다 주공단, 오자서, 숙첨, 백리해, 범려 등 어질고 뛰어난 이들 신하들은 모두 왕을 바른길로 이끌어 나라를 부강시켰다.

염선이 ≪열국지〉≫를 다 읽고 나서 그 소감을 시로 읊은 구절이 있다.

아아, 자고로 망하고 흥한 나라를 살펴 보아라.

모든 원인은 당시에 어진 신하를 등용했느냐
아니면 간신을 등용했느냐에 따라서 판가름이 났도다.

나라를 다스리는 사람의 인품이 국가의 흥망을 좌우한다는 이 말은 지금도 명심해야할 중요한 메시지다. 우리가 역사를 알아야 하는 것은 그 시대를 거울삼아 현재와 미래를 다시 생각해 보고 후세 사람들이 이를 교훈으로 삼아야하기 때문이다. 세상은 고금이 다르지만 사람의 본성은 예나 이제나 마찬가지여서 사람 살아가는 일이 같은 모양으로 이어지기 때문이다.

≪열국지≫는 역사서인 동시에 불후의 문학이며 불멸의 인생 교과서다. ≪열국지≫를 읽지 않고 어떻게 중국을 말할 수 있으며 인생을 말 할 수 있겠는가. 몇 번을 다시 읽어도 읽을 때마다 새로운 감동으로 가슴을 충만하게 해 주는 책, ≪열국지≫, 누가 뭐래도 ≪열국지≫는 만고의 걸작이다.

(2006년)

# 자존심과 열등감 사이

옛날 사진첩에서 내 유년시절의 사진을 다시 본다. 대여섯 살쯤은 되었을까. 가족사진 맨 앞에 똑바로 서서 두 주먹을 단단하게 움켜쥐고 서 있는 내 모습은 제법 야무지고 개성 있어 보인다. 참 마음에 드는 인상이다. 비록 어린 날이지만 인생의 어느 한 때라도 내가 그처럼 당차고 똘똘했던 시기가 있었다는 것은 기분이 좋고, 원래 나 '백임현'의 태생은 그렇게 밝고 당당했던 것 아닌가 싶어 사진을 보고 있으면 위안이 된다. 그러던 내가 어찌하여 오랜 세월 본성을 잃고 자신 없는 열등감 속에서 헤매고 있었던 것일까. 사진을 볼 때면 늘 이러한 의문을 갖게 되면서 내 성격이 오늘처럼 만들어진 원인에 대해 이것저것 곰곰이 생각해 보곤 한다.

맨 처음 문제가 되는 것은 초등학교 때 달리기였다. 나는 뜀박질을 못해서 달리기가 주종목인 체육시간이나 운동회 때는 언제나 꼴찌를 도맡아 했었다. 그래서 항상 아이들의 놀림감이 되었다. 개인의 기량으로 등수가 매겨지는 함께 달리기에서는 꼴등을 해도 문제가 되지 않았으나 한반이 양 팀으로 나뉘어 이어달리기를 할 때는 내 차례에서 뒤쳐져 우리 편이 지게 마련이었다. 그럴 때면 아이들의 원망과 구박이 자심하여 말할 수 없는 설움과 상처를 받았다. 어른들은 아이들의 뜀뛰기쯤 일등이나 꼴등이나 대수롭게 생각하지 않았으나 남들의 놀림감이 된다는 것은 담력이 부족했던 내가 감당하기에 너무도 큰 문제였다. 그 때부터 침울하고 내성적인 싱격이 시작된 것 같다.

그러나 이런 일은 어린시절 한 때의 일로 시간이 지나면서 엷어지기도 하고 잊혀지기도 하였다. 하지만 자라면서 나의 열등감을 결정적으로 심화시킨 분은 아버지였다. 아버지는 원래 과묵하고 엄격하셔서 자식들을 주눅 들게 하신 분이었는데 내가 사춘기로 성장하기 이전부터 입버릇처럼 사람들 앞에서

“저거 큰일이네, 여자가 얼굴이 저렇게 못생겼으니 시집을 제대로 갈 수 있겠나 어디. 참 걱정이다.”

정말로 심각한 표정으로 이런 말씀을 자주하셨다. 이 말을 들을 때마다 나는 내 얼굴이 정말 문둥이처럼 보기 흉한가 보다고 생각했고 결혼 같은 것은 꿈도 꿀 수 없다는 절망감으로 우울했다. 아버지는 이런 말을 장난삼아 하셨는지 모르지만

무심히 던진 돌에 물 속의 개구리가 죽는 것처럼 나에게는 평생 벗어날 수 없는 치명적인 상처를 남겨 주셨던 것이다. 한창 예민한 사춘기에 여자로서 시집을 못 갈 정도로 못생겼다는 자격지심은 성격마저 위축시켜 깊은 열등감으로 이어졌다.

그러나 아버지의 말씀과는 달리 결혼할 때 전혀 인물이 문제가 되지 않았던 것을 보면 결코 내 얼굴이 젊은 날을 혼자 어둡게 보내야할 만큼 심각한 것은 아니었을 것 같다. 그러나 한 번 만들어진 열등의식은 어른이 된 후에도 좀처럼 가셔지지 않아 크고 작은 일상사에 적지 않은 영향을 주었다. 자신이 열등하다는 무력감은 어떤 일에나 자신이 없어 뒷전으로 숨고, 내 존재에 대한 애정도 확신도 없이 어쩌다 세상에 태어나 한 구석 얻어 사는 사람처럼 남의 인생 살 듯 소극적으로 살아왔다. 세상이 우열로 양분되어 있다고 보는 잘못된 편견, 그 중에서 내가 속한 곳은 언제나 열등한 편에 있다고 생각하는 이 자격지심은 인생의 많은 부분에서 발전을 저해하는 요인이 되었을 것 같다. 내가 어렸을 때, 우리 할머니는 명랑하고 총명한 아이라며 칭찬하셨다고 한다. 그 밝은 성격과 기를 잘 살려 키웠다면 지금보다는 좀 나은 삶을 살지 않았을까 억울할 때가 있다.

요즘 가짜 학력문제로 학계 연예계가 시끄럽다. 학력을 우대하는 사회풍조가 이런 폐단을 일으킨 것이다. 그러나 우리 문단에는 그런 이야기가 없어 다행이다. '나는 가방 끈이 짧다'

로 시작되는 박완서 선생의 어떤 글 첫 문장이 인상적이다. 문학을 하는데 가방 끈이 문제가 되지 않는다는 것을 그 분은 말하고 있는 것이다. 그러나 '가방 끈'이라는 말이 나오면 짧은 '가방 끈' 때문에 잠시 곤혹스러웠던 등단 무렵이 생각난다.

문단에 발을 들여놓게 되자 결혼 후 처음으로 나 개인의 이력이 필요했다. 학력도 써야했고 경력도 써야 했다. 그러나 무명의 주부였던 나는 경력도 학력도 내세울 것이 없었다. 또 다시 내 존재가 초라하게 느껴져 당선의 기쁨보다 지성인들의 세계에서 앞으로 활동해야 할 일이 걱정스럽고 불안했다. 무슨 일이 있으면 겁부터 먼저 내는 것이 나의 고질적인 습성이다. 이런 엄마가 장성한 아들들이 보기에 너무도 안쓰럽고 딱했던 모양이다.

"어머니 당당 하세요. 작가가 되셨지 않아요. 어머니는 학력을 극복하셨어요. 자부심도 가지시고 자존심도 가지세요." 아이들은 내게 아낌없는 격려로 용기를 주었다.

이렇게 시작된 글쓰기 이십 년. 나는 글을 쓰면서 세상에 대한 잘못된 인식도 편견도 자존심도 버렸다. 그리하여 오랜 세월 나를 속박해 온 열등의 늪에서 헤어나고 있다. 좀 더 일찍이 세상을 겸허하게 애정을 가지고 살필 수 있었다면 뜀뛰기를 못한다고 해서, 얼굴이 못생겼다고 해서 또한 '가방끈'이 짧다고 해서 그것이 그렇게도 큰 문제로 나를 구속하지는 않았을 것이다. 생각해보니 그것은 자존심에서 비롯된 허영이었다.

세상은 이런 사람 저런 사람 함께 어울려 제각기 제 나름의 삶을 영위하며 살아가는 것이다. 그것 자체로 삶은 아름다운 것이며 어떤 존재도 가치 있고 소중하다. 세상을 우열이라는 등식으로 설정한 나의 관점은 너무도 어리석은 것이었다.

(2007년)

# 쥐똥나무

우리는 아파트 일층에서 산다. 이사온 지 4년이 넘었다. 고층 아파트에서 일층은 채광도 나쁘고 팔고 사는데도 불이익이 많다고 들었으나 살아 보니 일층에 사는 사람만이 누리는 좋은 점이 있었다.

잘 가꿔 놓은 아파트의 조경을 우리 집 정원처럼 편하게 바라 볼 수 있어서 좋았다. 이 집으로 올 때 가장 아쉬웠던 것이 이십 여 년 정든 목련나무를 두고 오는 일이었는데 이사를 와 보니 우리 마음을 헤아리고 있었던 듯 앞 뒤 창 앞에 더 좋은 나무들이 우리를 맞이하고 있었다. 앞 베란다 한 쪽을 가리고 서 있는 은행나무는 목련과 또 다른 모습으로 우리를 즐겁게 하였고 단지 내에 꽃 피고 단풍 드는 갖가지 나무들은 창문만 열면 얼마든지 내 집 뜨락처럼 가깝게 볼 수 있었다. 우리는 담장 안의 작은 뜰을 잃은 대신 아파트의 넓은 정원을 소유하게 된 셈이었다.

그러나 무엇보다도 내가 이 곳에 와서 처음으로 정을 붙여 사랑하게 된 나무는 아파트 단지 내에 낮은 울타리처럼 서 있는 쥐똥나무였다. 쥐똥나무는 여기 저기서 흔히 볼 수 있는 나무다. 큰길가의 인도와 차도를 구분하는 곳에 경계선처럼 줄지어 서 있기도 하고 공원의 잔디밭을 보호하기 위한 울타리가 되기도 한다. 우리 아파트의 쥐똥나무도 사람들이 빈번하게 오고가는 길가에 나무와 잔디를 보호하는 울타리의 역할을 하고 있다. 촘촘하게 심어진 나무들은 자라면서 잔가지들이 서로 엉겨 견고하고 섬세한 울타리가 된다. 이 나무들은 항상 같은 크기로 말끔하게 다듬어져 있어서 보기에 좋고 아파트 전체적인 모습도 한결 돋보이게 한다.

그러나 내가 쥐똥나무를 사랑하게 된 것은 이러한 효용성 때문이 아니다. 남 모르게 피었다가 지는 그 나무의 향기롭고 예쁜 꽃 때문이다. 그리고 서러운 이름 때문이다. 겉으로 보기에는 항상 푸르게만 보이는 이 나무도 봄에는 꽃이 핀다. 진달래 개나리 라일락 등 세상의 눈부신 봄꽃들이 다 지고 난 사월 말 경 가는 봄을 아쉬워하듯 뒤늦게 피어난다. 남들이 꽃을 피울 때 꽃 대신 잎을 키워 이미 무성하게 자란 잎새 속에서 흰 싸락눈처럼 아주 작게 피기 때문에 자세히 살펴보지 않으면 꽃이 피어 있다는 사실도 모를 수가 있다. 나도 이곳에 와서 처음으로 쥐똥나무에 꽃이 핀다는 사실을 알게 되었다.

우리 아파트 단지에는 라일락이 유난히 많다. 특히 사람들이 자주 다니는 길목에는 라일락을 더욱 많이 심어서 꽃이 한창일 때는 그 향기에 취하지 않을 수 없다. 주택가에 살 때는 남의 집 담장 안의 꽃만을 먼발치에서 봐 오다가 이렇듯 손이 닿는 곳에 꽃이 있어 마음 놓고 만져볼 수도 있고 싫도록 향기를 맡을 수도 있는 것이 너무도 좋아 어느 때는 나무 밑에 한없이 서 있기도 하였다.

하지만 열흘 붉은 꽃이 없는 것처럼 모든 봄꽃은 지고 향기 또한 사라져, 봄이 다 지나가는구나 싶을 때 아파트 단지에는 다시 한 번 향내가 스쳐오기 시작한다. 라일락보다 더 짙고 그윽한 향기가 사람을 도취시키고 있었으나 도무지 그 근원根源을 알 수가 없다. 첫 해는 그 궁금증을 풀지 못한 채 그대로 지나쳤다. 이듬해 또 다시 단지 내에 지난해처럼 영문 모를 향내가 바람결에 끼쳐 올 무렵 어느 날, 나는 우연히 쥐똥나무 옆을 지나다가 파란 잎새 속에 쌀 알갱이보다 작은 흰 꽃들이 꿰어 놓은 구슬처럼 송아리 송아리 앙증맞게 피여 있는 것을 보았고 그 작은 꽃이 세상 어떤 꽃보다 진한 향을 품고 있음을 알게 되었다. 다른 사람들은 모두 알고 있는 사실일지 모르나 나에게는 중요한 발견이었다. 그것은 경이驚異였다. 푸른 울타리로만 봐 온 나무에서 꽃이 핀다는 사실, 그리고 그처럼 작은 꽃이 내뿜는 향기, 그 그윽함이 봄을 보내는 사람들의 허전함을 달래 준다.

이렇듯 보이지 않는 곳에 숨어 봄의 마지막을 장식하면서 소임을 다하고 있지만 그의 화려한 향기와는 너무도 어울리지 않게 이름이 천하다. 이름이 그래서 사람들의 눈길 한번 끌지 못하고 서러운 대접을 받고 있는 쥐똥나무, 이것이 쥐똥나무로 불리는 것은 그 열매의 생김새 때문이다. 가을이면 이 나무에 새까맣게 익은 열매가 가지 끝마다 이슬 맺히듯 다닥다닥 매달리는데 그것이 영락없는 쥐똥이다. 꽃도 귀엽고 향기도 일품이지만 열매의 모양새가 그래서 쥐똥나무인 것이다. 자세히 보면 자잘하게 다듬어 꿰어 놓은 깜장 구슬 같기도 하고 섬세하게 세공한 흑진주 같기도 하여 열매 또한 충분히 사랑스럽다. 꽃의 생김새가 백옥 같이 깨끗하니 옥구슬나무라 해도 좋고, 열매의 모양이 흑 진주 비슷하니 진주나무라 하여도 아무 손색이 없었을 것을, 왜 하고 많은 이름 중에 하필이면 〈쥐똥〉이란 말인가.

사람들은 아주 하찮은 것을 말 할 때, 흔히 〈쥐똥〉 같다고 말한다. 더 이상 한심스럽고 미천한 비유가 없다. 인간생활에 기여하는 바가 한 두 가지가 아님에도 그 공을 인정받기는커녕 〈쥐똥〉으로 대접받는 나무를 보면 측은해 보인다.

이러한 경우가 어찌 식물에 한한 일이겠는가. 우리 사람들의 생활에도 얼마든지 있다고 생각한다. 세상에는 〈쥐똥〉으로 대접받아 마땅한 사람이 많다. 그러나 드러나지 않는 곳에서

〈쥐똥나무〉같이 겸손하고 향기롭게 사는 사람도 많다. 사랑을 실천하며 남에게 기쁨이 되는 사람, 매일 매일의 삶이 힘들고 고달프지만 작은 꿈을 키우며 성실하고 착하게 살아가는 사람들, 그리고 어머니로 아내로 가정을 지키며 헌신적인 생애를 살다가는 우리 여인들의 삶. 이들은 비록 힘없고 미미한 존재이나 우리 사회에서 없어서는 안 될 숨어서 향기로운 〈쥐똥나무〉인 것이다

(2000. 봄)

*도시의 쥐똥나무에서는 열매를 보기 어렵다. 열매가 자라서 익을 사이 없이 전지剪枝를 하기 때문이다.

3부

# 가깝고도 먼 땅 일본

배용준의 한류 열풍이 일본열도를 휩쓸고 나서 얼마 후, 일본인들이 또 다시 독도 문제를 들고 나와 신경을 거슬리게 할 때 우리는 일본여행을 하게 되었다. 배용준이 한창 인기 있을 무렵 일본을 다녀 온 사람들은 가는 곳마다 친절한 대접을 받았노라고 자랑을 하고 있었다. 하필이면 한일관계가 냉각될 때 그 나라를 방문하게 되는 것이 우리의 기분을 뜨악하게 했으나, 이미 잡혀 있는 일정을 변경할 수 없어서 그냥 추진하기로 하였다.

해외여행이 자율화 된 이후 너도나도 이웃집 드나들 듯 외국나들이가 보편화되고 있으나 나는 인천공항을 처음 가 보는 터여서 공항버스를 탈 때부터 소학생처럼 설레이는 마음이었다. 인천 공항은 듣던 대로 모든 시설이 국제공항답게 규모가 크고 좋았다. 새삼스럽게 국력을 실감하게 되고 자부심을 느끼게 된다. 공항 내에서 탑승 게이트를 찾아 가는데도 끝없이 멀어 버스 한 정류장은 족히 되는 듯 싶었다. 김포공항에서는 비행기를 타려면 버스를 타고 넓은 광장을 한참 가야했었는데 지금은 출구를 나와 터널 같은 통로를 지나니 바로 비행기를 타게 되어 예전보다 훨씬 편리하였다.

일본은 인천공항에서 한 시간 반이 걸린다. 시내 나들이 가는 정도의 짧은 시간이다. 오후 7시에 탄 비행기가 8시 30분에 도착하게 되니 가는 동안에 날이 어두워 일본 영공에 이르렀을 때는 기나긴 여름날도 저물고 있었다. 불빛이 금강석을 깔아 놓은 듯 현란하게 빛나는 눈 아래 저 땅, 여기가 일본, 지금 우리는 일본에 온 것이다.

우리는 그들을 섬나라 쪽발이라고 얕잡아 보았지만 그들은 일찍이 서구문물을 받아들여 근대화를 단행했고 서구 열강이 식민제국주의로 동양을 침탈할 때 뒤늦게 한몫 끼어 우리 한반도를 침략하고 국권을 빼앗아 40여 년간 우리를 수탈하고 탄압했다. 말단행정직까지 모두 점령한 그들의 식민통치는 세계역사상 그 유례를 찾아보기 어려울 만큼 가혹한 것이었다. 그러나 그들은 지금도 반성의 기미없이 망언을 일삼으며 엄연히 우리의 영토인 〈독도〉를 자기네 땅이라고 주장하고 있다. 생각하면 씁쓸한 이웃이다.

그러나 사랑하지 않을 수 없는 작가가 일본에는 많다. 〈디

자이 오사무〉, 금각사의〈미시마 유끼오〉 설국의 〈가와바다 야스나리〉요절한 감성의 시인 〈이시가와 다꾸보쿠〉세계가 사랑한 여인 빙점의 〈미우라 아야꼬〉 그리고 현존하는 세계적인 독서가 〈다찌바나 다카시〉,인간존재의 본질을 탐구한 이들의 문학은 정치와 국경을 초월해서 우리를 감동시킨다. 이들이 태어나고 사랑했던 나라, 그리고 묻혀 있는 나라, 나는 미움과 애정이 교차하는 착잡한 심경으로 비행기에서 내릴 준비를 하였다.

오사카 간사이 공항에 비행기가 내렸다. 불빛이 휘황한 거대한 건물이 이국 땅에 첫발을 디딘 우리를 맞았다. 이곳이 인공적으로 만든 섬 위에 세워진 간사이 국제 공항이라고 하니 믿기지 않았다. 가이드를 따라 낯선 사람들과 모노레일을 타고 입국장으로 들어갔다. 입국절차는 지나치게 까다로워 시간이 오래 걸려 지루했다.

어두운 밤에 낯선 땅에 내린 일행들은 무지공처에서 미아가 될까 봐 가이드가 잠시만 안보이면 불안해서 떠들고 법석이었다. 가이드는 여행사의 노오란 삼각 깃발을 높이 쳐들고 마치 유치원 선생님처럼 언제든지 앞장서서 우리를 안내하느라 진땀을 흘렸다.

숙소로 가기 위해서 버스를 탔다. 이곳의 자동차는 운전석이 오른쪽에 있어서 타는 방향이 다르다. 버스는 우리를 태우고 도심을 지나고 있으나 밤길이어서 바깥 풍경을 자세하게 볼 수 없었다. 퇴근 시간일 텐데도 자동차가 많지 않아 거리는 대체로 한산해 소통이 잘 되었다. 일본인들이 알뜰하다고 하는 것이 맞는 말인 듯 거리의 불빛은 어두운 편이었고 가로등도 희미해 침침해 보였다. 시내 곳곳에 이중 삼중으로 얼기설기 얽혀있는 고가도로는 하늘로 올라가는 길처럼 아슬아슬해 보였으며, 그것은 이 나라의 심각한 도로 사정을 대변해주고 있었다. 잡풀들이 무성한 길가의 조경은 마치 우리나라 시골 길 같았다. 거리의 간판들은 일본어 한자 영어 등 다양했는데 〈가다가나〉로 표기된 영문자는 그대로 읽으면 발음이 제대로 되지 않아 엉터리 영어가 되었다. 그래서 일본 사람들은 영어를 잘 쓰지 않는다고 한다. 그래도 그들은 외국문물을 재빨리 수용하고 자기화해서 오늘날 미국 다음으로 부강한 나라가 되어 세계경제 제 2의 자리를 굳히고 있는 것이다. 날이 밝으면 일본 구석구석을 돌아보며 그들의 저력이 무엇인지 살펴보리라.

숙소에 들어 와 일본 텔레비전을 켜고 그들의 드라마를 보았다. 그 나라 사람들의 문화와 생활을 알려면 대중적인 문화를 접해야 할 것 같았기 때문이다. 거기에도 기쁨과 슬픔 사랑과 이별이 있었다. 사람 사는 모습은 어디나 다 비슷하였다.

일본에서 첫 밤을 보낸다. 다른 나라에 간 것보다 감회가 다르다. 가깝고도 먼 땅 일본, 국제간에는 영원한 적도 영원한 우방도 없다고 한다. 시대가 변하면 역사도 변한다. 그리고 의식도 바뀌어야 한다. 일본이 진정한 우방이 되기 위해서는 과거를 뉘우치고 우리에게 겸손해야 한다. 내일은 나라(奈良)의 동대사와 청수사 그리고 오사카 성을 간다고 한다 한 시대를 풍미했던 막부시대의 유적지를 가는 것이다. 하나의 관광객으로 단순한 마음가짐으로 이웃나라 일본을 돌아보아야겠다.

(2005. 봄)

# 귀락동歸樂洞

의정부시 외곽에는 즐거울락樂자가 들어가는 마을 이름이 많다. 민락동民樂洞, 귀락동歸樂洞, 다락원등…. 옛부터 백성들이 즐겁게 살아 온 고장이었었나 보다. 민락동에서 광릉내 수목원으로 넘어가는 길가에 귀락동歸樂洞,이라는 마을이 있다. 그 곳을 지날 때면 민락동에서 이웃하여 친하게 살던 조카사위 생각이 난다.

평생 동안 서울에서 직장생활을 하던 우리는 퇴직을 하게 되자 더 이상 도시에서 살 필요가 없다고 생각되었다. 한적한 시골에서 자연과 더불어 텃밭에 채소나 가꾸면서 유유자적한 노년을 보내는 것이 평소의 꿈이었던 남편은 때가 왔다고 낙향을 서둘렀다. 의정부에서 문산 쪽으로 몇 킬로 더 가면 고향에 넓지 않은 텃밭이 있어 처음에는 그곳으로 가려고 했으나 절대

농지에는 허가가 나지 않아 집을 짓기가 어려웠고, 서울과의 교통 등이 용이하지 않아 망설이고 있을 때, 의정부에 새로 입주하는 아파트에서 먼저 자리 잡은 생질조카딸 내외가 이왕이면 공기 좋고 산도 가까운 자기네 근처로 오라고 적극 권해서 민락동으로 이사하게 되었다. 마침 그곳에는 오래전 부터 절친하게 지내는 문단의 후배도 있어서 고향마을 찾아 오듯이 우리는 민락동 주민이 되었다.

노인이라면 친부모도 싫어하는 세상인데 후배도 더할 수 없이 좋아하였고, 이웃에 사는 조카네도 아들 못지않은 지성으로 우리를 보살펴 주었으므로 '백성이 즐거운 마을' 민락동의 생활은 그런대로 편안하고 즐거웠다.

그 무렵 조카사위는 거듭되는 사업의 실패로 매우 어려운 상황에 있었다. 그러나 성격이 활달하고 낙천적인 사람이어서 조금도 좌절하는 기색 없이 늘 밝은 표정으로 낯선 시골에 와서 사는 우리를 외롭지 않게 하였다. 우리도 또한 그 무렵 아들의 일이 뜻대로 되지 않아 우울할 때여서 서로가 마음이 답답하면 차를 몰고 드라이브를 많이 했었다. 자주 가는 곳은 의정부 북쪽인 포천의 산정호수 부근이나 광릉수목원 일대, 그리고 오솔길이 아름다운 고모리 호숫가 근처였다.

그 쪽 길로 가자면 민락동에서 북으로 난 고갯길을 넘어야 했다. 가는 길에 '귀락동'이 있었다. 가파른 오솔길 언덕에 '귀락마을'이라는 나무 표지판이 어설프게 꽂혀 있어 특별히 관심을 갖지 않으면 무심히 지나칠 수도 있는 것이었지만 원래 감각이 예민한 조카사위는 그 곳을 지날 때마다 마을 이름이 예사롭지 않다며 그냥 지나치는 법이 없었다.

"숙모님 '귀락동' 저거 무슨 뜻이에요? 즐거운 사람은 오라는 말인가. 즐겁게 살다 돌아가라는 이야긴가. 도무지 볼 때마다 그 뜻이 아리송해서 사람 헛갈리게 한다니까요."

그러면서 사업이 잘 되 돈을 벌면 귀락동에다 근사한 집을 짓겠다고 하였다. 그리고 우리도 함께 살자고 하였다.

"귀락동에 돌아와 멋지게 한 번 살아 보는 거지요. 뭐, 귀락동이 괜히 귀락동이겠어요. 나 같은 사람 돌아와서 즐겁게 살라는 뜻이겠지요,"

그것이 언제가 될지 기약할 수 없는 꿈이었지만 언제나 희망을 버리지 않는 그의 말이 시원해서 좋았고, 순간 순간 사람을 유쾌하게 해 주는 조카사위를 나는 좋아하였다. 지금은 신작로가 뚫려 울창하던 숲이 많이 훼손되어 있지만 우리가 넘나들던 그 무렵에는 참나무 숲이 무성한 야산이어서 자연을 좋아한 그가 집을 세우고 싶은 환경이기도 하였다.

우리가 서울로 이사하고 얼마 있다가 조카사위는 무슨 사업을 하겠다고 필리핀으로 떠났다. 그러나 그 곳에 가서도 사업은 여의치 않았던 것 같다. 뿐만 아니라 건강까지 나빠져서 빈손으로 돌아오게 되었다. 기후가 맞지 않았는지 거듭되는 실패가 건강을 악화시켰는지 건장한 체구에 운동도 못하는 것

없이 단련되어 건강에 관한한 자신이 넘쳤던 사람이었으나 병든 몸을 이끌고 돌아 온 그의 모습은 몰라보게 쇠약해져 딴 사람처럼 보였다. 그리고 그는 지난 해 12월, 투병생활 석 달 만에 세상을 떠났다. 육십을 채우지 못한 애석한 생애였다. 당당한 풍체와 활달한 성격, 그리고 능력 있는 사업가로 한때는 선망의 대상이기도 했던 그였으나 사업 실패 후 그의 삶은 고난과 시련의 힘겨운 몸부림이었고 마지막 투병생활역시 고통스럽고 처절한 것이었다. 어떤 어려움 속에서도 용기와 희망을 잃지 않고 의연했던 사람, 나는 그가 병을 물리치고 일어설 줄 알았다. 그러나 병에는 장사가 없다. 짚단이 쓰러지듯 허물어진 그의 삶은 덧없고 허망했다.

멋진 포즈의 영정사진은 웃고 있었다.

'숙모님, 세상을 떠나고 보니 이렇게 편안하고 좋네요. 이만하면 끝이 나는 것을…….'

그가 웃으면서 구만리장천으로 멀리 멀리 날아가는 환상에 나는 목이 메었다. 돈 벌어 귀락동에 집을 짓겠다고 한 그는 죽어서 절망도 고통도 슬픔도 없는 저 세상의 귀락동으로 간 것이다. 그가 꿈꾸었던 귀락동은 지상이 아니라 천국으로 돌아가는 마을이었던 같다.

(2008년 1월)

# 박규환 선생의 생애와 수필(작가론)

## 1. 출생과 성장기의 환경

문우회 5월 합평회에서 내가 박규환 선생의 생애와 수필을 말하는 〈작가론〉을 발표하게 되었다. 풍부한 문학성과 해학으로 명수필을 쓰시던 박규환 선생은 2003년에 타계하신 분이므로 거의 현존작가라 할 수 있다. 문우회에서는 대개 타계년도가 오래된 작고문인들의 작품을 주로 합평해 왔는데 이번에는 생전에 가까이 뵙던 분의 수필을 토의하게 되어 감회가 새롭다.

박규환 선생은 1916년 11월15일 전남 구례에서 8남매의 막내로 태어나셨다. 그러나 출생한지 8개월 만에 어머니가 세상을 떠나 강보에 쌓인 아기는 두 사람의 유모와 누님들의 보살핌으로 성장하셨다. 지조 있는 선비로 소지주였던 아버님은 어릴 때부터 한학을 가르쳐 학문의 기틀을 닦아 주시는 등 특별한 보살핌으로 선생을 키우셨다. 선생은 동기들의 지극한 애정 속에서 유복하게 자란 편이었으나 태생이 허약체질인데다 정서가 형성될 어린 시절에 어머니의 정을 모르고 자란 그 결핍감으로 심약한 성품이 되신 것 같았다. 게다가 중학생 때 절대적인 보호자였던 아버님이 55세의 나이로 세상을 떠나시게 되자 그 천붕지통崩之痛을 말로 표현할 수 없다고 하였다. 아버지 대신 동생들을 돌보던 맏형님이 또한 약을 잘못 써 실명失明으로 앓다가 47세로 세상을 하직하는 비운을 겪으면서 박규환 선생은 어쩔 수 없이 삶과 죽음의 문제를 심각하게 천착하지 않을 수 없었을 것이다. 그 분의 작품 전체를 관류하는 생과 사의 문제, 이것은 아마도 단명했던 혈육들의 운명을 체험했기 때문이 아닌가 싶다.

## 2. 학문과 생활

선생은 일찍이 어린 나이에 유학자儒學者로서 학문이 깊었던 부친으로부터 중국의 고대역사와 명심보감, 우리의 원효대사 송구봉 맹사성 등 역사적인 위인들의 이야기를 들으며 한학의 기초를 습득하신 후 선생은 구례의 광희보통학교를 거쳐

대구 계성고등학교를 수석으로 졸업하고 일본중앙대학 예과 및 경제학부를 역시 수석으로 졸업하셨다.

경제학을 공부하셨으나 어린시절부터 가졌던 문학의 꿈을 버리지 못해 영어교사가 되었고 후에 영문학 교수로 조선대학교와, 전남대학교 문리과대학 영문학과 교수로 재직하면서 학생들에게 영미소설, 영문 수필등을 강의하셨다. 또한 일반에게 잘 알려지지 않은 번역서 G.R. 깃싱의 〈헨리 라이크로프트의 사록私錄〉. 존.스타인백의 〈생쥐와 사나이들〉, 토마스 하디의 〈알리샤의 일기〉등 많은 번역을 하셨다.

1949년 순천에서 여순반란사건의 소용돌이를 겪었으며 1950년 조선대학교 재직 시 6 · 25 전쟁 와중에서 공산당에게 붙잡혀 모진 고초를 겪은 후, 건강을 잃었고 그 후유증으로 노년에 이르기까지 지병으로 고생을 하셨다.

1945년 2월 아홉 살 연하의 정효순 여사와 결혼하시어 슬하에 2남 1녀를 두셨다. 박선생님은 부지런하고 성실하셨으며 남에게 폐 끼치는 일을 아주 싫어하셨다. 아이들 학비를 보태기 위해 밤새워 번역 일을 하셨고 마당에는 닭을 많이 키워 달걀을 팔아 살림에 보태셨다. 그리고 수백 개의 선인장과 화초를 가꾸어 인근에서 꽃집으로 소문이 날 정도였다. 선생은 경우 밝은 신사였다고 자녀들은 말한다. 자녀들 뿐 아니라 선생님과 친분이 있었던 많은 사람들은 한결같이 그 분이 겸허하고 어진 인품이셨으며 결곡한 선비풍의 학자였다고 입을 모은

다. 그 고결한 인품은 수필 곳곳에서 작품으로 승화되어 독자들에게 삶의 진실을 일깨워 준다. 선생은 평생을 영문학자로 재직하시다가 1982년 정년으로 학계에서 퇴임하신 후 1985년에는 전남대학교 명예교수로 재임용되셨다.

## 3. 박규환 선생의 수필 세계

이 부분은 사실 작품론에서 언급되어야 하지만 작가를 알기 위해서는 작품의 흐름과 성격에 의존할 수밖에 없어서 작품상에 나타난 선생님의 인생관 내지 정신세계를 더듬어본다.

선생은 평생에 네 권의 수필집을 상재하셨다. 제2 수필집 ≪이제는 봄을 기다리지 않는다≫의 서문에서 선생은 '수필 쓰는 일이 내가 할일이라고 생각해 본 적도 없고 내가 수필 같은 개성적이며 관조적인 인간성이 내포된 기지랄까 그런 문학의 본령에 참여하기엔 주저된다.' 고 겸손하게 말씀하고 있지만 선생은 풍부한 식견과 해학, 호쾌한 문장, 그리고 넘치는 인간미의 아름다움으로 좋은 수필을 쓰는 분이셨다.

선생은 70년대 중반, 전남대학교 재직 시, 대학신문의 편집국장, 출판부장을 하시면서 대학학보에 기고하는 수필을 쓰기 시작하였다.

1976년 최초의 수필집 ≪파적담破寂談≫을 출간하셨고,

1985년 전남대학교 명예교수 시절 ≪목련꽃 필 무렵≫을 출

간하셨으며

1991년 ≪아직도 봄을 기다리며≫를 출간하시여 1993년 현대수필문학대상을 수상하셨다.

1995년 마지막으로 수필집 ≪이제는 봄을 기다리지 않는다≫를 출간하셨다.

선생은 50대 후반부터 장장 7년여를 신경염으로 기동을 못하시고 병상에 계셨다. 극심한 고통에 시달리는 투병생활 속에서 선생은 철저한 고독을 체험하며 고독과 친해져야 한다고 말했고 죽음을 두려워하며 공포 속에 사느니 차라리 화해하며 그 세계(그 세계에는 사랑하는 육친들이 먼저 가 있다)에도 희망을 걸어보는 것이 나을 것이라는 달관의 경지를 수필의 여러 부분에서 언급하고 있다. 환자로서 지내야하는 노년의 외로움과 애상哀傷, 주로 힘없고 소외된 노인들 세계가 수필의 화제가 되고 있는데 그것이 궁상이나 탄식이 아니라 여유롭고 해학적인 문체로 이야기 되고 있어 웃음을 자아내게 한다. 그러나 그 해학은 단순한 익살이 아니라 날카로운 풍자로 마무리되어 처음에는 웃다가 끝에서는 숙연해지지 않을 수 없다. 박규환 선생의 풍자는 통일이니 역사니 애국애족이니 하는 거대담론이 아니다. 그런 거창한 문제들은 그런 일만 생각하는 사람이 따로 있다며 시정市井 사람들의 살아가는 모습에서 세태를 꼬집는 인간미 넘치는 풍자로 수필의 격을 살리고 있다.

병상에서 신음하던 70년대의 수필은 주로 삶과 죽음에 관한

명제이고 80년대의 수필은 세태를 풍자하는 글이 주류를 이루고 있으며 92년 부인을 사별한 이후의 글은 상실의 아픔 속에서 빼저린 외로움과 슬픔을 주조로 하며 부인에 대한 절절한 사부곡死婦曲이 지면을 채운다. 그 중에서도 〈불광천변의 산책로〉와 영랑의 시 〈모란이 피기까지는〉에서 모란을 개나리로 바꿔 끝을 맺은 〈개나리가 피기까지는〉, 이 두 작품은 부인을 애도하는 불멸의 애송곡哀頌曲이 되지 않을까 싶다.

숨진 어미의 젖무덤을 빨면서 애절하게 인생을 시작하여 평생을 병약한 몸으로 외롭고 슬프게 사신 박규환 선생님, 2003년 88세를 일기로 세상을 떠나셨지만 누구보다도 맑고 깨끗한 영혼에서 비단실같이 아름다운 글을 쓰시어 깊은 감동을 주셨던 문학의 향기는 독자들의 가슴에 오래오래 살아 있을 것이다.

(2008년)

# 비 오는 날

장마가 시작되어 며칠째 비가 내리는 날, 친구의 문상을 다녀 오는 길이었다. 집 앞 전철역에 내리니 사람이 많이 모여있고 역구내에 설치된 간이 공연장에서 몇 사람의 악사들이 우리 귀에 익숙한 흘러간 가요를 연주하고 있었다.

이 곳을 지나다 보면 장내가 뒤집어질듯 요란한 음악과 함께 중고생 정도의 아이들이 신나게 춤을 추는 광경을 가끔 보곤 했었는데 그럴 때면 무대를 누비는 젊은 아이들의 발랄하고 생동감 넘치는 동작이 흥미가 있어 잠깐씩 발을 멈추고 서 있기도 했었다. 그러나 아이들이 공연을 할 때는 구경하는 사람들도 역시 같은 또래여서 어른들은 더 있고 싶어도 그 틈에서 있을 수가 없었다.

그 날은 무대가 나이 많은 사람들을 위해서 마련된 것 같았다. 노래를 연주하는 사람들도 전문 음악인들은 아닌 듯 나이 들이 지긋해 보였고 음악을 모르는 내가 듣기에도 썩 세련되게 들리지는 않았다. 그러나 그것이 오히려 친근감이 있고 사람들이 스스럼없이 함께 어울려 즐기기에 편한 것 같았다. 관객이 요청을 하면 친절하게 신청곡을 들려 주기도하고 흥에 겨운 사람이 무대 위로 올라가 무슨 노래를 부르겠다고 하면 선선히 알아서 반주를 해주고 있었다.

날씨도 구중중한 날, 친구 조문을 다녀 오는 길이라 마음이 한껏 무거워 있었기 때문에 나는 사람들의 왁자한 분위기를 같이 느끼면서 가라앉은 마음을 달래보려고 그리로 향하였다. 그러나 그것은 잘못된 짐작이었다. 장마비 때문이었을까. 다른 사람들 마음도 나처럼 울적했는지 신청하는 곡이나 연주하는 음악이나 부른 노래가 한결같이 흘러간 노래 중에서도 애상적이고 목메이는 것이었다. 나 같이 친구를 잃은 사람이 아니더라도 비 오는 날, 그런 노래를 들으면서 마음이 명랑해질 수는 도저히 없는 것이었다. 그러나 사람들은 자리를 뜨지않고 노래를 경청하며 가슴을 슬픔으로 채우고 있는 듯 싶었다. 흐르고 있는 곡은 이별의 한이나 이루지 못한 사랑 그리고 고달픈 삶의 애환이 주제인 노래였다. 사람들은 왜 이런 노래를 좋아하는 것일까. 이런 노래가 끊임없이 사랑을 받고 있는 것은 우리의 삶이 아무리 다양해도 그 범주를 벗어나지 못하기 때문이 아닌가 싶었다.

어느 사람이 무대에 올라 서더니 이런날 어울리지도 않게 〈댄서의 순정〉이라는 흘러간 노래를 구성지게 부르고 있었다. 어쩌다 들어본 적은 있어도 가사 한구절 정확하게 모르는 유행가였는데 그 날 거기에서 들었을 때 그 노래는 아주 강한 호소력으로 나의 심금을 울렸다. 그것은 마치 그날 세상을 떠난 친구의 불행한 생애를 애도하는 듯 절절하였다.

그는 어릴 적에 이웃에 살던 초등학교 친구였다. 그 아이네는 아들 없이 딸만 많았는데 친구는 셋째 딸이었다. 집안이 어려웠던 관계로 언니들은 초등학교만 졸업하면 영등포의 방직공장으로 취직하여 떠났다. 이 친구도 자라면 의례히 공장에 가는 것으로 알고 있었다. 그는 언니들이 가르쳐 준 공장노래를 음악시간이면 자랑스럽게 앞에 나가서 부르곤 하였다. 선생님들은 재롱삼아 그를 불러다 공장노래를 부르게 하였다.

〈공장아 잘 있거라 나는 떠난다/ 동무들아 찾지마라 갈 길 바쁘다.

오뉴월 긴 긴 해에 해를 못보고 / 동지섣달 긴 긴 밤에 잠을 못잤네

쓸쓸한 공장세월 이제는 이제는 / 기차소리 한 번 나면 고만이라네 〉

그 친구가 하도 많이 불러서 지금도 생생한 ㄱ이 노래를 그 당시 우리는 어떤 동요보다도 재미있어 하였다.

그의 아버지는 남의 집 품팔이를 하면서 살아 가는 것 같았

다. 그러나 그 친구네는 늘 화목하고 구순하였다. 화롯불에 된장 뚝배기를 놓고 아버지를 비롯한 여러 식구가 즐겁게 떠 먹는 모습은 너무도 평화스러웠다. 밥 먹으면서 아버지도 웃고 엄마도 웃고 아이들도 웃고…. 아버지 진지상에 꿇어 앉아 식불언(食不言)이라고 하여 말 한마디 못하고 긴장된 자세로 식사를 해야하는 우리집 분위기와는 비교도 안되게 화락한 모습이었다. 그래서 나는 그 아이네 집에 자주 놀러 다녔다. 생활은 빈한하였지만 친구는 조금도 구김없이 밝고, 공부도 잘하고 얼굴도 메꽃처럼 깨끗하였다. 학교를 졸업하고 그는 언니들처럼 공장으로 갔고 얼마 지나지 않아 전쟁이 일어났다.

그를 다시 만난 것은 전쟁이 그치고 서울이 수복된 이삼 년 후, 내가 아직 고등학생일 때였다. 뜻밖에도 어느날 그가 나를 찾아 왔는데 나는 처음에 얼른 알아보지 못였다. 복장도 말투도 어른처럼 변해있었기 때문이었다. 화장한 얼굴에 높은 구두, 겉으로는 멋진 숙녀처럼 보였으나 어쩐지 행복하게 보이지는 않았다. 짐작한 대로 단란했던 그의 집은 전쟁통에 산산이 부서져 아주 불행해져 있었다. 마음씨 좋던 아버지는 피난지에서 돌아가시고 전쟁 당시 공장에 있던 두 언니는 행방불명이 되었다고 하였다. 본래부터 딸들이 벌어서 살던 집이라 이 형편에 어린 동생을 비롯해 가족을 부양할 사람은 친구뿐이어서 클럽에 나간다고 하였다. 나는 클럽이 무엇을 하는 곳인지 잘 몰랐지만 왠지 좋은데는 아닐 것 같은 생각이 들어 마음이 언짧았다.

그의 어머니가 나를 보고 싶어한다고 해서 우리는 문래동에 있는 친구의 집으로 함께 갔다. 문래동 뒷골목 비좁은 셋방에서 다섯 식구가 살고 있었다. 전쟁의 모진 고난이 역연히 드러나 있는 그의 어머니는 예나 이제나 변함없는 순후한 웃음으로 나를 반기셨다. 옹색한 방안에는 친구의 것임이 분명한 여러 가지 화려한 색상의 옷가지가 구질한 벽에 즐비하게 걸려 있었다. 굵은 못에 걸려 있는 사치스러운 옷들과 말쑥하고 예쁜 친구의 모습은 궁핍한 방안에서 너무도 슬픈 대조를 이루고 있었다. 친구가 잠시 밖에 나간 틈을 타 딸이 밤에 어딘가 나가서 춤을 춘다고 어머니는 내게 조심스럽게 말해 주었다. 친구는 클럽에 나가는 댄서였던 것이다. 그는 몇해 후 클럽의 빽드마스터와 결혼했으나 행복하지 못하였다.

내가 결혼하고 나서 어떻게 하다가 서로 연락이 두절되었다가 이순이 가까운 나이에 어렵사리 소식을 알게 되어 다시 왕래하게 되었다. 아들 하나를 키우면서 안해본 것 없이 온갖 고생을 다하며 살아왔다고 하였다. 그런데 오랜만에 만난 그가 경상도 말씨를 쓰고 있었다. 옛날 같지 않은 거친 말투가 낯설어 어째서 그 쪽 말을 하게 되었느냐고 물으니

"응- 살다보이 그리 되었어야 -" 하면서 계면쩍은 듯이 씩 웃었다. 사람이 살다보면 이리도 될 수 있고 저리도 될 수 있는 것이구나 싶어 일말의 서글픔이 스쳤다. 고생살이에 시달렸다

고는 하였으나 타고 난 용모는 여전히 기품있어 보였고 우정도 변함없이 진실하였다. 그 친구가 심상치 않은 병으로 자리에 누운 것이 일 년 전이었다. 그러다가 이 비오는 날에 세상을 떠난 것이었다. 좀 더 살아도 될 나이였다.

그날 나는 집에 와서도 인터넷으로 장사익이 부르는 그 노래를 반복해 들으며 이 글을 구상했다. 그 노래를 들으면 마음이 지향없이 가라앉는다. 슬픔은 사람의 마음을 순수하게 하는가 보다. 글을 쓰고 싶게 한다.

그 황량했던 시절, 오직 생계를 위해 어린 나이에 몸에 맞지 않는 화려한 의상을 입고 발이 붓도록 춤을 추어야 했던 그녀, 외롭고 서러운 세월을 혼자 견디며 끝내 병이 들고 만 그녀, 그에게 있어서 인생은 무엇이었을까. 그래도 살아 볼만한 아름다운 무대였을까. 아니면 비 오는 날의 슬픈 춤이었을까.

(2002년)

# 진실한 삶 속에 수필이 있다(수필과 산실)

내가 수필을 처음 읽기 시작한 것은 50년대 초, 세계문학에 관심을 갖기 시작할 중학생 무렵이었다. 그 당시 우리 집에는 어른들이 읽으시는 지성인의 교양지 ≪사상계≫가 있었다. 그 책에는 꽤 많은 페이지로 문예란이 있었고 거기에는 시 소설과 더불어 매호마다 명사들의 수필이 너덧 편씩 실려 있었다. 그 어려운 책에서 중학생이던 내가 읽을 수 있는 내용은 문예란이었다. 나는 지금도 화제가 되고 있는 유명한 작품들을 ≪사상계≫를 통해서 읽었고 특히 처음으로 수필을 읽으면서 한 편의 수필이 독자에게 주는 감명과 기쁨이 얼마나 큰 것인가를 알게 되었다.

누가 읽어도 이해할 수 있는 소박한 문체로 인생문제를 이야기하고 삶의 진실이 무엇인가를 잔잔한 목소리로 일깨워 주는 수필, 그 글에는 시에서도 소설에서도 느낄 수 없는 품격과 향기가 있었다. 인생의 크고 작은 이야기, 기쁘고 슬픈 이야기, 아름답고 추한 이야기, 이것이 수필이라는 형식을 통해 하나의 작품이 될 때는 여과되고 승화되어 작자의 인생관과 철학, 그리고 인품과 아름다운 삶의 모습까지도 짐작할 수 있는 진실한 글이 되었다.

지금처럼 성인교육기관이 없었던 시절, 나는 혼자 읽고 쓰면서 습작을 하였다. 처음에는 소설을 목표로 시작했지만 어린시절에 읽은 수필의 인상이 늘 가슴에 있어 어느 날, 수필을 시작하였다. 누구에게 사사받은 바 없이 써 본 글이기 때문에 형식도 기법도 수필의 기본요건도 모르는 채 오늘까지 글을 써 오고 있다. 수필이 아무리 무형식의 글이고 옛부터 선비들 여적의 글이었다고 하지만 습작시절 누구에게 점검을 받아보지 않아서 내 글이 제대로 되고 있는지 아닌지 회의적일 때가 많다.

내 글에 대해 자신이 없을 때 나는 옛날 ≪사상계≫시대의 명수필들을 떠 올리곤 한다. 그 때는 수필뿐만 아니라 길게 쓰는 산문도 연재물로 실리곤 했었는데 유달영 선생의 계몽적이고도 애국적인 수상록, 그리고 인간의 본질적인 고독과 고뇌를 진지하고도 날카롭게 천착한 이헌구 선생의 옥중수기는 매회 읽을 때마다 깊은 감동으로 충만한 희열을 느꼈었다. 미화도 기교도 없이 너무도 진지하고 진실하여 마음에 다가서던 글, 그것이 바로 산문정신임을 나는 글을 쓰고 나서도 한참이나 지나서 알게 되었다.

우리가 문학수업을 할 때는 작가들이 쓴 작가노트 같은 글이 대단한 관심거리였다. 그 때는 대학의 국문과 학생이 아니면 작가를 만나볼 기회가 없었다. 그래서 그 분들이 공개하는 창작기법이 금과옥조처럼 여겨져 작가들의 이상한 기행까지도 숭앙의 대상이 되곤 하였다. 그 분들의 어떤 버릇도 좋은 글을 쓰기 위한 치열한 몸부림인 것을 알기에 그런 부분마저도 부럽고 존경스러웠다.

사람의 생김새가 다양하듯이 사람마다 글 쓰는 방법도 조금씩 다르리라고 생각한다. 나는 글 쓰는 일을 일상화하지 못하고 있다. 그것은 장인정신이 부족한 나태함이다. 평소에는 글과 인연이 없는 사람처럼 펜을 멀리 하다가 마감 날이 다가오면 발바닥에 불이 붙은 듯 정신없이 몰두한다. 이상하게도 그래야만 의식이 깨어나고 정신이 집중되며 사고력이 활발해진다. 부끄럽게도 내가 이제까지 쓴 모든 단편 수필은 이렇게 씌어진 것이다. 그러나 내가 하룻밤에 글을 썼다고 하면 가족들은 인정하지 않는다. 다만 자판을 두드리는 작업을 하룻밤에 했을 뿐이라고 말한다.

한 편의 수필을 쓰기 위해 소재를 찾고 주제를 부여하고 서두, 핵심, 결미에 이르는 구성이 대충 형상화되기까지의 고심과 몸부림은 결코 하룻밤이 아니다. 마감 날을 십여 일 앞두고

부터는 좌불안석이다. 여유 있을 때 미리미리 써 놓으면 얼마나 좋았을까. 일에 쫓기며 번번이 후회하면서도 그 버릇을 못 고치고 있는 자신에 대해 때때로 좌절을 느낀다.

제목이 정해지고 머리 속에서 구성이 대충 완성되면 글을 쓰기 시작한다. 생각한 대로 쓰기만 하면 되는 것이다. 그러나 이렇게 해 놓고 시작한 글도 웬일인지 쓰면서 맥이 빠져 도무지 글이 안 될 때가 있다. 잘 써지지 않는 글은 십중팔구 실패할 확률이 높다. 어디엔가 문제가 있는 것이다. 억지로 이끌어 가면 글이 미숙아처럼 어설프게 된다. 이럴 땐 덮어 두고 다시 생각해 봐야 한다. 주제가 소화하기에 너무 무거운가. 내용이 진부하고 상식적인가. 제재(題材)는 괜찮지만 설득력이 없는 것인가. 문장이 너무 평이하고 상투적인가. 전체적인 흐름에 무리가 있고 부자연스러운가, 이 중에서 무엇보다 중요한 것은 자연스러움이다. 대가의 글일수록 평범하고 흐르는 물처럼 자연스럽다. 자연스러움은 순리이며 진리라고 생각한다. 나는 그 자연스러움을 위해 수 없이 퇴고하고 또 퇴고한다.

유례없이 수필문단이 활발하다. 그리고 최근에 와서 수필이 변해야 한다는 말도 자주 듣는다. 시대의 변천에 따라 독자들의 요구가 다양해지니 그것은 당연한 추세인지도 모른다. 그러면 무엇이 어떻게 변해야할까. 기법과 형식은 변할 수 있을지 몰라도 어차피 문학은 더구나 수필은 우리가 살아가는 이야기다. 좀 다르게 써 보겠다고 기발한 내용이나 형식을 시도한다 해도 그런 것을 지속적으로 쓸 수는 없을 것이다. 우리의 나날이 그렇게 특별한 일로 이어지지는 않기 때문이다. 우리들의 평범한 일상 속에 문학이 있고 진실한 삶 속에 수필이 있다고 생각한다, 가슴이 따뜻한 사람, 삶이 향기로운 사람, 그런 사람들이 수필을 쓴다. 그래서 수필은 아름답다. 오늘도 수많은 사람들이 아름다운 삶을 위해 글을 쓰고 있다.

(2008년)

# 추억의 경의선

경의선이 지나가는 일산 신도시에는 나와 친한 사람들이 많이 살고 있다. 그런 연유로 나는 일산 나들이를 자주하는 편이다. 이곳 도봉에서 그 곳까지는 전철로도 두 시간이 더 걸리는 수월치 않은 거리이다. 이렇듯 가는 길은 멀어도 나는 항상 즐거운 마음으로 간다. 일산을 중심으로 고양시 일대는 어디를 가나 내 추억의 편린들이 숨쉬는 곳이기 때문이다.

오늘은 일산 신도시인 탄현에서 작은 모임이 있는 날이다. 늘 전철을 이용하였으나 이번에는 특별히 경의선을 타기로 하였다. 신촌에서 출발하는 경의선 열차는 매시 정각에 문산을 향해 출발하는데 새로 만든 관광 열차이다. 기차 겉면에는 보통 열차와 달리 흰색 바탕에 예쁜 꽃 그림들이 그려져 있어 보기만 해도 꿈 같은 여행길을 생각하게 한다.

오랜만에 달려 보는 경의선 기차다. 수십 년 전 나는 경의선 기차 통학생이었다. 아침 저녁 이 길을 다녔기 때문에 눈을 감고도 철로 연변의 풍경이 환하게 떠 오르곤 하였다. 서울역에서 문산을 향해 가자면 왼쪽에 한강을 끼고 펼쳐진 행주벌과 오른편으로 철로를 따라 이어지는 높고 낮은 야산들이 많았다. 그러나 지금와서 보니 산도 들도 옛 모습은 아니었다. 눈이 시리게 이어지던 벌판에는 전에 없던 아파트 단지와 신작로가 뻗어 있고, 사철 숲이 무성하던 산들도 이리 깎이고 저리 허물어져 높고 낮은 건물이 들어서 시가지가 되어 있는 곳이 많았다. 예나 이제나 변함이 없는 것은 단지 평행선으로 이어진 경의선 선로뿐이었다. 그리고 퇴색하지 않은 나의 추억이었다.

일산역 못미처에 이름도 아름다운 백마역이 있었다. 이 정거장은 옛날에 없던 것이다. 백마역 앞에 있는 백마초등학교는 아버지가 칠 년을 재직하시던 곳이다. 신설학교로 부임하신 아버지는 학교이름을 그 지역 두 곳의 머리자(백석, 마두)를 따서 백마학교로 명명하셨다. 〈백마학교의 백교장〉이것은 그 무렵 심심치 않은 화제거리였다. 지금은 확고하게 그 곳의 지명이 되어버린 〈백마〉는 우리 선친으로부터 유래된 것이었다. 평생동안 아버지의 근무지는 고양 파주 일대인 경의선 부근이었기 때문에 나의 유년기와 젊은날의 추억도 그 곳을 벗어 날 수가 없다. 경의선 철로와 기차소리. 통근차를 타고 내리던 수많은 사람들의 부산한 발소리 등……. 그리고 나의 꿈도 고뇌도 사랑도 경의선 부근에서 일어나고 사라졌다. 경의선, 거기엔 내 젊은 날이 있는 것이다.

직업상 전근을 자주 하시던 아버지는 해방 직후 경의선이 닿는 일산에서 근무하시게 되었다. 아이들의 교육문제 때문에 일부러 지원을 한 것이라고 했다. 그 곳에서는 서울로 기차 통학이 가능했기 때문이다. 그때는 하루 서너 차례씩 오르내리는 경의선 열차가 교통수단의 전부였다. 일산뿐 아니라 문산 장단 개성에서도 모두 새벽 통근차를 이용하여 서울로 출퇴근을 하였다. 정거장 근처에서도 철로변에 살았던 우리는 늘 흰구름 같은 증기를 뿜으며 거대한 쇠바퀴를 움직이는 기관차의 힘찬 굉음을 생활 속의 한 부분으로 익히며 살았다. 언제 보아도 그 광경은 아이들에게 신나는 구경거리였다.

꼬리를 물고 달리는 긴 기차칸은 열 칸도 더 되었는데 그 중에 한 칸은 여학생만 타는 여학생 칸이었다. 아직 초등학생인 우리들은 통근차가 지나가면 언제나 여학생 칸을 먼저 찾았다. 밖에서 보아도 그 칸은 꽃밭인 듯 밝고 화사했다. 교복을 입은 예쁜 여학생들이 창가에 앉아 재잘거리는 모습은 너무도 행복해 보였고, 가끔 우리를 보고 웃으면서 손을 흔들어 주기도 했는데 그들은 우리 가슴에 선망과 동경을 심어 주고도 남았다. 그 때 우리 어린 친구들의 꿈은 어서 여학생이 되어 서울로 통학하는 것이었다.

머지않아 나도 마침내 여학생 칸에 타게 되었다. 그러나 실제로 내가 기차를 타고 보니 차 안의 모습은 밖에서 보는 것처럼 그렇게 화려한 것만은 아니었다. 한창 감수성이 예민한 여학생들의 모임이라 학교간의 대립에서 오는 갈등도 만만치 않았고, 사소한 일로 다투기도 잘 했으며 얼굴 예쁜 여학생들은 가끔 연애사건에 휩싸여 흥미있는 소문거리가 되기도 하였다. 그러나 배울 점도 많았다. 여학생 칸에는 여대생도 여럿 있었는데 이들은 선배답게 언제나 언행을 조심하며 모범적으로 구는 것 같았다. 그들은 늘 책을 읽고 있었으며 중고생들이 물어오는 공부를 친절하게 가르쳐 주기도 하였다.

나는 개성에서 다니는 여대생 언니와 잘 알게 되었는데 그가 내게 준 영향은 매우 컸다. 그는 책을 좋아하는 사람이었다. 그 언니는 나에게 세계명작소설들을 소개해 주었고 이러한 소설들이 작가의 상상이 꾸며낸 허구적인 세계라는 것도 가르쳐 주었다. 그것은 놀라운 일이었다. 나는 그 때까지 감동적인 동화나 소설들이 어느 작가가 쓴 상상력의 소산이라는 것을 전혀 몰랐던 것이다. 이야기를 만들어 사람들을 감동시키는 작가는 그래서 위대한 것이라고 그는 덧붙여 말하였다. 그러나 이 선배의 말을 제대로 이해하는데는 이후 많은 세월이 필요했다.

그 선배의 집은 개성이었다. 일산에서 개성까지는 기차로 사십 분 정도 걸리는 거리였으므로 날씨 좋은 주말이나 방학때면 우리는 그 선배가 사는 개성으로 놀러 가기도 하였다. 금촌 문산을 거쳐 임진강을 건너고 장단벌을 지나 송악산이 아름답게 둘러 있는 개성은 깨끗한 기와집들이 즐비하고 거리가 잘 정돈된 정결한 도시였다고 기억된다. 선배의 집은 부유해 보였다. 우리가 가면 언제나 그 선배는 다정했고 대접은 친절하여 아직까지 개성에 대한 추억은 즐겁고 행복하다. 깨끗한 도시 개성, 마음씨 좋은 선배가 있었기에 그 곳은 늘 그리운 곳이다. 중학 이 학년 초에 전쟁이 일어났다. 개성사람인 선배의 소식은 그 이후 끊어졌고, 휴전 이후 개성은 갈 수 없는 먼 곳이 되고 말았다.

지금 경의선 종점은 문산이다. 한 때는 신의주까지 힘찬 기적 소리를 울리며 기차가 달리던 길, 경의선 철도 최북단인 문산 조금 위에는 북으로 가던 기관차가 오십 년 풍상을 견디며 녹슨 철로 위에 멈춰 서 있다. 다시 움직일 그 날의 역사를 기다리며 〈철마는 달리고 싶다〉고 외치고 있는 것이다. 경의선이 이름 그대로 서울에서 의주까지 시원하게 달려 볼 날은 언제 올 것인지, 지척인 개성만이라도 자유롭게 왕래할 수 있는 그 날을 내 평생 안에 볼 수 있을지 아득한 생각을 해 본다.

지난 일을 더듬고 있는 동안에 기차는 우리의 목적지인 〈탄현〉역에 섰다. 세련된 신도시 한 모퉁이에 한적하게 자리 잡은 아주 작은 간이역이다. 내리는 사람도 우리 일행 두 사람뿐이고 정거장 안의 사람도 우리를 마중 나온 두 사람뿐이다. 우리는 오늘 시골 정거장의 낭만을 한 번 꾸며 보기로 하였다. 우리는 손을 흔들며 차에서 내렸고 마중 나온 그 여인들은 한껏 우아한 모습으로 차에서 내리는 우리를 맞이했다. 젊었을 때 일산을 떠났던 내가 주름잡힌 노년이 되어 경의선 호박밭 질펀한 시골 정거장에 내려 멋진 두 여인의 마중을 받았다. 우리는 반가와 서로 얼싸 안으며 이거 꼭 영화의 한 장면 같다고 즐거워했다. 먼 훗날, 오늘 일이 아름다운 추억이 안 되겠는가. 그리운 경의선, 참으로 장구한 세월을 두고 가지가지 추억도 많다.

# 퇴직 이후

몇 해 전, 육십오 세의 남편이 퇴직을 하였다. 그 때부터 우리는 일 주일에 두어 번 산에 오르는 일과 고향 마을에 가서 텃밭 가꾸는 일로 소일하며 살게 되었다. 마침 산이 가까이 있고 고향에 텃밭이 조금 있어서 자연스럽게 그런 생활을 하게 된 것이다.

집에서 멀지 않은 곳에 등산객이 많이 찾는 유명한 두 개의 산이 있다. 동두천 가는 국도를 사이에 두고 왼편은 수려한 도봉산, 오른편은 계곡이 아름다운 수락산이다. 두 곳 모두 전철로 서너 정거장이면 쉽게 갈 수 있어서 시간이 날 때면 나도 산에 가는 남편을 따라 나선다. 간단한 등산복 차림에 튼튼한 등산화를 신고 산길에 들어서면 당장 높은 암벽이라도 탈 것처럼 차림새가 그럴 듯하지만 실은 다른 사람의 흉내를 내어보는 것일 뿐, 우리의 등산은 차라리 산책이라고 하는 편이 어울린다.

산길을 따라 쉬엄쉬엄 가다가 힘이 들면 시원한 나무 그늘에 자리를 펴고 앉아 땀을 식히고 편안한 자세로 아픈 다리를 쉰다. 언제 와도 산 속의 공기는 청량하고 철따라 제 소리를 내며 우짖는 새 소리 또한 맑아서 잠시만 머물러도 피로에 지친 몸과 마음이 상쾌해진다. 봄에는 화사하게 피어나는 꽃이 눈부시고 늦가을에는 어지럽게 떨어지는 낙엽이 계절의 무상함을 느끼게 한다. 언제나 계절이 먼저 오는 산, 우리는 산에서 계절을 읽고 바뀌는 절기를 먼저 느낀다. 허약한 몸에 산길 오르기가 쉽지는 않지만 다녀오면 그 날은 기분이 좋고, 다리에 힘이 생겨 걸음이 가볍다. 등산이 건강에 많은 도움이 되는 것 같아 자꾸만 산에 가게 된다.

산에 가지 않는 날은 밭에 가는 것이 또한 일이다. 의정부에서 서쪽으로 대략 이 십 킬로 쯤 가면 가래비라는 작은 농촌 마을에 이른다. 이곳은 우리 시댁 마을이며 남편이 태어나고 성장한 고향이다. 집에서 승용차로 쉬지 않고 달리면 한 시간이 채 못 걸리는 거리여서 농사 일로 오르내리는데 크게 불편은 없다. 그 곳 참나무 숲 옆에 오백 평 남짓한 우리 채마밭이 있다. 남편은 퇴직 후를 염두에 두고 십여 년 전에 박봉을 쪼개어 그 땅을 장만하였고 거기에 여러 가지 유실수와 꽃나무를 심기 시작하였다. 지금 남편의 꿈은 그 곳에 아담한 집을 짓고 텃밭을 가꾸며 여생을 보내는 일이다. 그러나 이런저런 사정으로 실현이 안되고 있어 남편에게 늘 미안하다.

어릴 때는 남편의 꿈이 도시생활이었다. 번화한 도로와 상가, 유리가 번쩍이는 큰 건물과 세련된 도시 사람들, 추녀를 맞대고 오밀조밀 모여 있는 골목길 등……. 이런 도회지의 풍경은 어린 그의 가슴을 설레이게 했다고 가끔 이야기 한다. 도시에 대한 이런 동경은 그 또래의 시골 소년이라면 누구나 가져볼 수 있는 것이겠으나 남편은 그 관심이 보다 적극적이고 절대적이었던 것 같다. 무더운 장마 철, 비를 맞으며 소먹이인 꼴망태를 지고 풀섶길을 달릴 때, 또는 한여름 오뉴월 불볕더위에도 들일에 매달려 땀을 쏟아야 하는 어른들을 볼 때, 그러면서도 가난을 면치 못하는 농촌 환경을 보면서 그는 지긋지긋한 시골을 벗어나야 한다고 수 없이 다짐하였다.

그렇게 등지고 떠나 온 고향을 반세기 넘어 이제 다시 가고 싶어 하는 것이다. 유년에는 시골, 청년기는 도회, 그리고 노년에는 다시 시골로 돌아가 자연과 더불어 사는 것이 이상적인 생활이라고 한다. 그는 그것을 실현이라도 하려는 듯 열심히 밭일을 한다. 시골에 가는 날이면 먼동이 트기 전에 집을 나서 온종일 일을 한다. 혼자서 거두기엔 벅찬 채마를 화초처럼 예쁘게 가꾸어 놓고 아주 만족스러워 한다. 귀거래사(歸去來辭)를 쓴 도연명의 경지는 아니더라도 퇴직 후에 고향으로 돌아가 흙을 만지는 남편의 모습은 그지없이 여유롭고 평화스러워 보인다.

아직은 농사가 서툴러 비교적 사람의 손이 덜 가는 작물을 골라 심는다. 콩은 심을 때 밑거름만 잘 하면 비료를 주지 않아도 잘 자라고 들깨도 잎 자체의 짙은 향이 벌레를 쫓아 진딧물이 끼이거나 잡벌레가 덤비지 않아 소독을 않고도 싱싱하게 잘 된다. 우리는 벌써 수 년 째 가을이면 무공해 깻잎으로 반찬을 만들어 친지들과 나누어 먹으며 시골의 별미를 즐긴다. 농사라고 해봐야 소일거리로 하고 있어서 해마다 수확은 보잘 것 없고 오르내리는 기름값과 밭에 들어간 비용도 나오지 않지만 '콩 심은데 콩 나고 팥 심은데 팥 나는' 땅의 정직성이 믿음직스럽고 가꾼 만큼 자라 주는 채소들이 자식처럼 정 들어 농사일이 점점 재미있어 진다고 한다.

밭 가장자리에 심은 유실수가 십여 년 자라니 이제 제법 열매가 달려 올 해는 매실, 앵두, 살구, 복숭아, 등 봄 과일을 한 바가지씩 따오기도 하였다. 가을에는 밤, 대추를 조금 따게 될 것이다. 심기만 하면 자라는 나무, 남편은 무에서 유를 창조한 것이라고 대견해 한다. 그러나 창조의 힘이 어찌 나무열매뿐이겠는가. 조금이라도 농사를 지어 본 사람이면 땅이 곧 창조의 원천임을 터득하게 된다. 맨 땅에 씨를 뿌리면 싹이 트고 잎이 자라 생명으로 산다. 세상의 모든 생명을 살리는 대지, 명주실 같이 가느단 풀 한 포기도 버려두지 않고 키우는 그 자비로움과 위대한 능력에 경이를 느끼지 않을 수 없다.

산을 오르고 텃밭을 가꾸는 일은 확실히 몸과 마음을 건강하게 해 주는 것 같다. 남편은 퇴직 후에 오히려 건강해졌다는 인사를 많이 받는다. '보리이삭 잘 된 것과 노인의 건강은 믿을 것이 못 된다'는 옛말이 있기는 하지만 오늘 건강한 것을 어찌 감사하지 않으랴. 남편은 젊었을 때, 몸이 약했었다. 삼십 대에는 오십까지 살면 원이 없겠다고 하였고 사십이 되었을 때는 육십까지만 살아도 한이 없겠다고 하였다. 그러나 이 무슨 축복인가. 남편이 정년을 채우고 칠십을 넘어선 것이다, 그가 칠십이 되던 해, 나는 남편에게 건강하게 살아줘서 고맙다고 진심으로 고마워하였다. 더 이상 무엇을 바라랴. 다만 감사할 뿐이다.

평생 동안 너무도 숨 가쁘게 사느라고 세상살이에 감사할 겨를도 없었다. 노경에 이르러 세상을 돌아보니 고마운 일이 많다. 험한 세상에 무고했던 것, 단군 이래의 풍요시대를 구경이라도 할 수 있었던 것, 칠십 가까운 나이에 비로소 가져보는 이 작은 안정과 평화, 사람이 살다 보면 이런 날도 오는 것인가. 이울어 가는 노년의 하루하루가 금쪽 같이 소중하다. 더 이상 가져 볼 욕심도 없고, 버려야 할 욕심도 없으니 빈 가슴은 늘 여유롭다. 산이 있어 산에 오르고 밭이 있어 흙을 만진다. 그러면서 자연의 생성과 소멸, 그리고 불멸의 대지, 그 질서 속에 동화되는 연습을 한다. 노인이 된 것을 예찬까지 할 것은 없어도 노년이란 그런대로 괜찮은 삶인 것 같다.

(2004년)

# 4부

# 결혼 조건

결혼하는데 가장 중요한 조건이 사랑이라는 것은 다시 말할 필요조차 없는 진실이다. 그러나 그 너무도 당연한 이 원리가 실생활에서 반드시 실행되는 것은 아니어서 세상에는 슬픈 사랑이야기를 주제로 하는 문학이 있고 예술이 있다.

우리가 즐겨보는 드라마도 사랑하는 젊은 남녀들의 결혼조건이 문제가 되어 빚어지는 갈등과 얽히고 설킨 사연이 주요 이야기 거리다. 부잣집 무남독녀와 보잘 것 없는 가난한 청년, 유망한 재벌 2세와 미천한 집 딸. 이들이 나누는 사랑은 아름답지만 조건을 중요시하는 어른들의 편견과 몰이해로 온갖 시련을 겪다가 마침내 부모들이 젊은 사람들의 뜻을 따르게 된다는 일차 방정식 같은 내용이 대부분이다.

이런 경우 조건이란 대개 재력과 가문의 배경 그리고 남자라면 사회적인 능력을 말하는 것 같다. 강남색시는 강북신랑하고는 결혼을 안 한다는 말이 있고 요즘 최고의 신랑감은 의사라는 말이 있다. 드라마마다 의사가 나오는 것만 봐도 세태를 짐작할 수 있다.

상당히 양식이 있다고 생각하는 사람도 남의 이야기를 할 때는 조건 같은 것이 무슨 문제가 되느냐고 하면서도 막상 자신의 현실이 되고 보면 지금 세상에 어찌 사랑만 믿고 결혼을 할 수 있느냐고 말이 달라진다. 이것은 자식을 생각하는 부모의 마음이니 탓할 수는 없는 것이다. 그러나 세상이 다 그렇지는 않다. 조건만을 따지다가 불행에 이르는 경우도 많고 조건 없이 순수한 사랑만으로 행복하게 사는 경우가 얼마든지 있다.

우리집 작은아이는 사십이 가까운 나이에 결혼을 하였다. 전공이 아닌 다른 공부에 매달리다 뒤늦게까지 자리를 못 잡아 결혼할 수 있는 입장이 못 되었기 때문이었다. 남자는 결혼이 늦어도 괜찮다고 하지만 친구들은 장가를 들어 아이들이 초등학교에 들어갔다고 하는데 아직 부모 밑에서 자립을 못하고 있는 아들을 보면 가슴에 근심이 서리곤 하였다.

이십 대 한창일 때는 여기저기서 딸을 주겠다는 사람도 많았고 사위를 삼고 싶어 하는 사람도 많았으나 남자에게도 결혼 적령기는 있어서 나이 삼십을 넘고 보니 혼담도 뜸해지고 사람을 보고 마음에 들어 했다가도 아직 공부하고 있다고 하면 흐지부지 말곤 하였다. 단지 사람이 좋다는 것만 으로는 결혼조건이 될 수 없었던 것이다. 결혼이 인생의 전부냐고 말하는 사람도 있지만 부모의 마음은 그렇지가 않아서 늦어지는 결혼에 마음이 쓰이었다. 아들이 삼십 대 중반을 넘어서자 초조하고 때때로 우울해지기 시작했다.

그 무렵 후배의 소개로 한 아가씨를 만나게 되었다, 다행히 서로 마음이 맞아 일년 후에 그 아가씨와 결혼하였다. 그녀는 당시 명문대 박사과정을 끝내고 연구실에 근무하고 있었다. 갑부는 아니지만 어려움을 모르고 유복하게 공부한 아이였다. 세상의 통념상 그런 여건이면 적어도 우리보다는 나은 곳으로 시집을 갈 수 있었을 것이다. 그러나 그녀는 단지 우리 아이의 사람됨과 집안의 분위기가 좋아서 마음을 정했다고 하면서 그것이 자기가 선택한 가장 중요한 조건이노라고 자신 있게 말하였다.

약혼을 해놓고 그 아이는 일 년간 미국연수를 가게 되었다. 바로 결혼을 하지 않고 텀이 생기는 것이 약간 마음에 걸렸다. 넓은 세상에 나가 보면 심경에 변화가 생겨 자신의 선택에 대해 회의하지는 않을까 싶어서였다. 그러나 우리 며느리는 그처럼 신념 없는 철부지가 아니었다. 바쁜 공부 중에도 변함없이 전화로 메일로 우리 아들에게 용기와 희망을 주면서 애정을 성숙시켜 가고 삶에 빛을 주고 있었다.

〈사랑하는 ○○씨, 걱정마세요. 모든 일이 잘 될거예요. 나는 복이 많은 사람이라 나와 결혼하면 모든 일이 잘 될거예요.〉

어느 날, 미국에서 아들에게 보내 온 엽서를 보니 이런 말이 적혀 있었다. 이 말을 듣고 힘을 얻지 않을 사람이 어디 있겠는가. 어미도 해주지 못한 말을 그녀가 하고 있었다. 사람을 일으키는 힘은 수양도 교훈도 아닌 지극한 사랑이라는 것을, 그 날 나는 확실하게 믿었다.

그들이 처음 살림을 시작한 곳은 대학교내에 있는 가족 생활동이었다. 집 없는 박사과정 연구생들에게 무료로 제공되는 열다섯 평짜리 비좁은 아파트다. 며느리는 직장이 확실했지만 아직 공부하는 아들은 연구비 정도가 고작이어서 생활이 힘들텐데도 가보면 조금도 힘든 내색 없이 늘 밝고 명랑하며 행복해하였다. 그는 성품이 긍정적이고 자기 삶을 행복하게 살 줄 아는 지혜로운 아이였다. 학교에서 잘 가르쳐 그런가. 집에서 잘 배워 그런가. 그의 생활 자세에서 나는 배우는 것이 많다.

지난 봄, 며느리는 대학교수가 되었다. 교수로 임용되던 날, 우리를 찾아와 큰절을 올리며"아버님 어머님 감사합니다. 제가 결혼을 잘해서 이렇게 모든 일이 잘 되는 것 같아요."

그의 이 말은 세상의 어떤 말보다도 우리를 감동시킨 효성이었다.

나는 평소에 누구를 칭찬하는 일도 비평하는 일만큼 신중하게 하는 편이다. 가족을 말할 때는 더구나 그렇다. 한 사람을 아는데는 많은 세월이 필요하고 또 사람은 변할 수 있기 때문이다. 그래서 삼가야 되는 줄 알면서도 며느리 이야기는 이렇게 가끔 하게 된다.

우리 아이들을 보면 최상의 결혼 조건이란 역시 최상의 사랑이 아닌가 싶다.

(2006년)

# 추억이 숨쉬는 내 고향 안골

내 고향은 경기도京畿道 파주坡州의 아주 작은 산골마을이다. 행정구역상의 명칭으로는 엄연히 광탄면廣灘面 분수리汾水里 내동內洞으로 표기되어 있지만 누구도 그렇게 부르는 사람은 없다. 그 주변에서는 '안골'이라고 하면 다 아는 동네다. 지금은 개발이 되어 농공단지가 되고 여러 복지시설도 들어서서 누가 봐도 어엿한 대처가 되었지만 그 마을은 여전히 유구한 이름 그대로 예나 지금이나 안골이다.

이름이 말하듯이 내 고향 안골은 면소재지에서도 찻길에서도 이십 여리는 더 산길로 들어가야 하는 두메 산골이다. 6·25전쟁 때도 깊고 외져 전쟁의 피해를 비교적 덜 받은 곳이어서 도회지의 젊은이들이 이 곳에서 난을 피해 무사했었다.

고향 마을 뒤 편에는 '뒷뫼'라고 부르는 높은 산 '수리봉'이 있다. 그 산마루에 오르면 몇십 리 밖에 있는 행주 벌판과 서해로 흐르는 한강이 은실처럼 아련하게 보이고 더 멀리 눈을 들면 인천 앞바다가 보여서 9·28 인천 상륙작전 때는 미군의 함포사격 장면을 그 산 위에서 구경할 수 있었다. 수리봉은 이름 있는 명산은 아니지만 수십 리 밖에서도 알아볼 수 있는 큰 산이다. 산의 생김새가 사다꼴 모양으로 안정감이 있어서 언제 보아도 부모의 품안처럼 부드럽고 편안하다. 대체로 우리 고향은 겨울에 바람이 잔잔하고 아늑한 편인데 그것은 뒷산의 수리봉이 병풍처럼 북풍을 막아주기 때문이다. 겨울에도 양지바른 '뒷뫼'는 언제나 눈부신 햇살로 가득하여 다른 곳보다 조금 빠르게 봄이 오고 꽃이 핀다.

'뒷뫼'의 주름진 산자락에 촌락을 이루어 살고 있는 안골은 소박한 농촌의 전형적인 모습이다. 산이 많아 토질은 척박하나 우리 선조들은 그 땅에 씨 뿌리고 거두며 삶의 터전을 닦고 문중의 기틀을 심었다. 수백 년을 내려왔으나 특별히 내세울 만한 출중한 인물 한 사람 태어나 본 적 없고 알려진 유적지나 명소 한군데 없는 그저 안골일 뿐인 평범한 내 고향이지만 이곳에는 우리 선조들이 대대로 살아온 삶의 자취가 있고 그 분들이 누워 계신 선산이 있으며 묵묵히 이 땅을 지키는 집안의 후손들이 있어서 문중의 굳건한 뿌리가 오늘까지 흔들림 없이 이어지고 있는 것이다.

고향으로 접어드는 길목에는 혜음령惠陰嶺고개가 있다. 임

진왜란 때 명나라 군사와 왜군의 접전지로 역사에도 그 치열한 전투가 기록되어 있는 혜음령은 옛날 중국의 사신이 한양으로 가다가 산 아래 벽제관에 이르기 전 고단한 몸을 잠시 쉬었다 가는 고개라 해서 쉬엄령고개라 불리었다고도 한다. 우리 동네에서도 쉬엄령고개라고 부른다.

이 혜음령고개는 우리 고향 사람들이 외지로 드나드는 중요한 길목이다. 산이 높고 거하여 이 고개 마루에 올라서면 중국 사신이 아니라 누구라도 잠시 걸음을 멈추고 가쁜 숨을 고르지 않고는 갈 수가 없다. 혜음령고개에 올라서서 북편을 바라보면 멀리 산자락에 있는 안골이 가물가물 한 눈에 보인다. 논과 밭이 그림처럼 펼쳐진 들녘을 지나 몇 개의 산굽이 너머 양지바른 동네, 특별히 기다리는 사람 없어도 왠지 가고 싶고, 그리움의 원천이 되는 곳. 고향을 찾는 사람은 여기서부터 가슴이 설레이기 시작한다. 그리고 고향을 떠나는 사람은 이 고개에서 정든 고향을 뒤돌아 보며 아쉬운 마음을 달랜다.

혜음령고개를 넘어서 안골로 들어서는 길은 야산의 잡목들이 뒤얽힌 호젓한 산길이어서 대낮에도 혼자 걷기엔 외진 곳이다. 두 손에 땀을 쥐고 마지막 언덕인 '잔잘이고개'를 넘어서면 평화로운 안골의 풍경이 바로 눈 앞에 다가서고 들에서 일하시는 집안 어른들의 낯익은 얼굴을 만나게 된다.

"큰댁 언년이 오는구나."

언제 들어도 다정한 음성, 머리에 쓴 수건을 벗어 땀을 닦으며 소박하게 반기시던 나의 일가 아주머니들, 꾸밈도 과장도 없는 그 다정한 표정들은 객지생활 어디에서도 만날 수 없었던, 한 핏줄의 진하디 진한 피붙이의 정감이었다.

우리 집이 고향을 떠난 후에도 나는 이 훈기가 좋아서 자주 고향에 갔었다. 방학 때도 가고 주말에도 가고 나중엔 그 곳에서 선생 노릇까지 했다. 그 곳은 교사들이 발령을 받으면 차라리 사표를 낸다는 벽지였으나 나는 스스로 그 곳에 가기를 자원했었다. 그것은 단지 고향이 좋아서였다. 고향에서 아이들을 가르치며 함께 생활하는 것은 기쁨과 보람을 동시에 누리는 일이었다.

나는 고향에서 보낸 여름밤의 정서를 잊지 못한다. 해가 기울고 마을에 산그늘이 짙어지면 낮은 토담 굴뚝에서는 저녁 연기가 쏟아져 나오고 산 마을은 연기로 자욱하며 구수한 연기 냄새가 은은하게 감돈다. 온종일 고된 농사일에 지친 어른들이 구순하게 둘러 앉아 감자 섞인 보리밥에 풋고추 얼얼한 된장찌개 저녁상을 들면 엄마들은 문간에 나와 날이 저무는데도 아직 들에서 놀고 있는 아이들을 외쳐 부른다. 멀리서도 용케 엄마 음성을 알아듣고 대답하는 아이들, 부르고 대답하는 정겨운 그 소리들은 마치 화음처럼 한데 어울려 단조로운 시골 저녁에 생기를 불러 일으킨다.

밤에는 집집마다 쑥 태우는 모깃불로 다시 한 번 마을이 자욱하다. 밤이 이슥해 두런거리던 어른들의 말소리가 시나브로 잦아들면 산촌은 적막 속에 잠이 들고 캄캄한 개천 너머 앞산 쪽에서 별빛 같은 반딧불이 꿈처럼 날아 다닌다. 이렇듯 고향은 어릴 때의 모습 그대로 아직도 내 기억 속에서 목가적 환상으로 살아있다. 그러나 이것은 추억 속의 환영일 뿐 지금의 안골은 옛날의 고향은 아니다.

몇 해 전, 고향의 관문이던 혜음령고개에는 유명한 골프장이 들어서서 울창한 숲이 뿌리째 뽑혀지고 누구라도 쉬어넘던 가파른 산언덕은 무참하게 뭉개어져 밋밋한 고갯길이 되어버렸다 농공단지가 된 안골에도 수많은 공장이 들어서고 넓은 도로가 뚫려 대형 짐차들이 빈번하게 왕래하며 낯선 타관 사람들이 들끓는 복잡한 고장으로 변해 버렸다. 산나물이 지천이던 '뒷뫼' 중턱에는 노인들의 요양원이 지어지는 등, 오랜만에 안골에 가보니 딴 곳에 온 것 같다

지역의 개발덕분에 소득이 높아진 주민들은 생활수준이 향상되어 저마다 낡은 옛집을 허물고 그 터에 최신형 주택을 지어 마을이 문화촌 같이 세련되어 보인다. 타산이 맞지 않는 농사로는 살 수 없다고 젊은이들은 너 나 없이 도시로 떠나가고 나를 반기시던 노인들은 모두 고인이 되어 뒷산에 누워 계시니 어디에서도 지난날의 아늑함과 평화로움을 찾아 볼 수 없다. 세태의 바람이 이곳이라고 비켜가란 법은 없다. 이런 현상이 어찌 우리 고향뿐이겠는가.

발전이라는 이름으로 사라지는 고향의 정취, 지금은 아마도

실향의 시대인가 보다.

시절이 변했으니 나도 변화에 적응하려하지만 그러나 고향에 대한 그리움을 쉽게 떨쳐 버릴 수가 없다. 아무리 고향을 등지고 떠난 사람이라도 눈감으면 돌아와 눕고 마침내 한 줌 고향의 흙이 되는 것, 가슴 속에 이 귀소본능이 잠재하고 있는 한 고향의 모습이 어떻게 변모하든 고향은 우리의 영원한 귀향지이다

나는 지금도 고향 생각을 하며 그 곳의 아름다운 이름을 떠올린다 버드나무가 많은 잔버들이(細柳洞) 돌이 많은 돌방구지(石方洞), 땅이 질어 진따배기(陣地洞) 봄이면 뻐꾹새가 구슬피 울던 '삼막골', 날마다 아침 해가 솟아 오르는 '병모가지', 수리봉 너머 '과부집 마루' 아, 내 고향, 그리운 이름들, 세상이 바뀌고 산촌이 열두 번 변해도 아름다운 전설과 추억이 숨쉬는 그 곳, 내 고향, 어찌 잊을 수 있겠는가.

(1993년)

# 병자년丙子年

병자년이 되었다. 올해 병자년은 내 나이 육십일 세가 되는 해이고, 태어난지 갑년이 되는 해로서 옛부터 환갑還甲 또는 회갑이라고 일컬어 왔다. 그래서 금년을 맞이하는 마음이 여느 해보다 감회스럽다. 수명이 짧은 시절이었다면 오래 살았다는 기쁨도 없지 않았을 것이다. 그러나 지금은 회갑이 장수를 뜻하지는 않게 되었다. 의미는 달라졌지만 그래도 사람들은 회갑을 맞으면 그냥 넘기기 섭섭하여 기념여행을 가거나 회갑연도 하면서 그 날의 의미를 되새긴다.

얼마 전 동년배의 친구가 회갑연을 한다고 초대해서 다녀왔다. 만수무강을 축원하는 풍악소리와 성공한 자녀들의 넘치는 효심이 친구의 다복한 생애를 말해 주고 있었다. 그 날 따라 아련한 분홍빛으로 단장한 친구의 화사한 모습은 누가 보아도 환갑 노인이라기엔 너무 젊어 보였다.

어릴 적, 시골에서 벌어지는 회갑잔치는 인근의 화제이며 온 마을이 술렁이는 큰 행사였다. 하얀 차일을 친 마당에는 사람들이 법석이고 풍성한 음식은 보기만 하여도 배가 불렀다. 무엇보다도 인상적이었던 것은 백발에 웃는 얼굴 가득히 주름 덮힌 노인을 아들들이 번갈아 가며 손님들 사이로 업고 다니는 장면이었다. 장성한 자식의 등에 업혀 아기처럼 천진하게 웃던 하얀 노인, 이것이 회갑노인의 모습이었다.

그러나 지금 회갑연의 노인은 너무 젊고 아름답다. 하지만 언제나 회갑연의 잔치는 일말의 서글픔을 갖게 한다. 어차피 인생 말년의 기우는 해인 것이다. 아름답다면 얼마나 아름다울 것이며 젊다면 그 젊음이 얼마나 남았겠는가. 그 규모가 아무리 성대하고 호사스러워도 결혼식에 다녀 왔을 때와는 다른 공허감을 느끼게 된다. 대부분의 보통 사람에게는 그것이 살아서 갖는 마지막 축제일 경우가 많다. 우리네가 무슨 핑계가 있어 늙으막에 사람들이 나를 위해 축배를 들겠는가.

환갑노인이 아무리 젊어 보인다 해도 자세히 살펴보면 노경에 접어든 초로의 그림자를 숨길 수 없고 이 모습이나마 앞으로 날이 다르게 쇠잔해 갈 것이다. 이러고 보니 회갑연이란 젊음에의 마지막 고별식인 것처럼 생각되기도 하고 피할 수 없는 노경의 입문인 듯 싶어 쓸쓸해 지는 마음을 어쩔 수 없다. 회갑이란 인생의 등마루 같은 것이나 아닐는지. 허위단심 숨

가쁘게 살아 온 산마루에서 지나 온 길을 되돌아보고 이제 내려 설 채비를 하는 하산길의 등산객 같은 것인지도 모른다.

나도 그런 회갑이 되었다. 발등에 불이 떨어진 듯 세월의 준엄함이 앞길에 다가선다. 회갑은 항상 먼 미래의 어느 날이었다. 어릴 때는 흥겨운 동네 잔치였고 젊었을 때도 그것은 노인들의 행사였을 뿐 나와는 관계가 없는 것이라고 생각해 왔던 것이다. 사람이 살다보면 육십도 되고 팔십도 될 것이다. 그리고 결국에는 떠난다. 이 너무도 당연한 사실이 바로 오늘의 연장선 위에 있다. 그러나 우리는 이런 사실을 망각하고 산다. 늙어 보지 않은 사람이 세월의 흐름을 실감하지 못하듯….

인생 육십 대의 모습이 그 사람이 살아 온 삶의 모습이며 한계라고 말한다. 육십 대를 상상하며 계획성 있게 살았다면 지금의 나와는 다른 모습이었을까. 지금 어떻게도 헤 볼 수 없는 마당에 잃어버린 시간을 놓고 푸념을 한다는 것은 참으로 어리석은 일일 것이다.

나는 병자생이다. 1936년 나라가 일제의 탄압에 신음하던 암울한 시대에 우리는 태어났다. 그보다 앞선 병자년의 불행한 역사를 우리는 초등학교 역사 시간에 배웠다. 조선 중기 인조대왕이 병자호란 때 청나라 군사에게 무릎을 꿇었던 삼전도의 굴욕을 배우면서 병자년을 익혔다. 개인의 일상적인 삶 속에도 역사는 흐른다고 말한 어느 상품 광고의 문구처럼 우리가 나고 자라던 시절은 역사적으로 무척 불우한 시대였다. 무엇보다도 무서운 체험은 전쟁이었다. 미처 세상을 알기 전에 겪어버린 비극의 체험은 정신 깊은 곳에 치유할 수 없는 상처로 남아 아직까지 이어지고 있다. 미래에 대해서 밝은 전망을 갖지 못하는 불안감, 삶에 대해서 자신을 못 갖는 무력감. 그리고 인생을 원천적으로 비애悲哀라고 보는 절망감 등 내면의 정서에 끼친 영향은 엄청난 것이었다. 이런 시대적 배경이 독특한 인생관을 형성해 준 듯 싶다.

나에게 있어서 인생은 언제나 오늘이었다. 내게 주어진 오늘을 아끼고 사랑하며 정성을 다해 확실하게 살아 내는 것, 그것이 최선이었다. 그런 하루하루의 집합이 육십 년이 되었고 오늘 환갑의 길목에 서 있게 된 것이다. 고난에도 슬픔에도 이제는 단련될 만큼은 단련이 되어 불안이나 절망도 한 발 더 짚어 내려가 생각하는 여유를 가질 수 있고 생각하면 그 뿌리가 욕심에서 비롯되는 것임을 알게 되었다.

어릴 때 할머니는 내가 쥐띠인 것을 무척 마음 아파하셨다고 한다. 밤에 태어난 쥐는 평생 제 먹을 것을 위해 고달프게 움직여야 한다고 안쓰러워 하셨다는 것이다. 너무 힘들 때는 할머니 말씀이 생각난다. 그러나 살기 위해 애쓰는 것이 어찌 쥐띠만의 생존이겠는가.

환갑은 육십갑자가 다시 시작된다고 하여 한 살이라고도 말한다. 이제 와서 무엇을 새롭게 할 수 있을 것인가. 단지 지난 세월 동안의 그 숱한 시행착오와 미숙함과 실수들을 되풀이하지 않기만을 바랄 뿐이다.

이 고비 저 고비 곡예를 하듯 용케도 잘 넘기면서 이제는 풍요가 넘치는 국민소득 만 불 시대에 살게 되었다. 우리네 같은 소시민에게 과연 그것이 무슨 의미가 있을 것인지 피부로 느낄 수는 없으나 그래도 감격스럽다. 좋은 세상에 살고 있다는 막연한 자부심이만이라도 가져 볼 수 있으니…. 좋은 세상, 이제는 어두운 의식에서 벗어나 밝은 희망을 가져보자. 지구위에 한 그루 사과나무를 심어보자, 그러면 사과 꽃도 필 것이다.

금년에 나는 손주를 보게 된다. 그 아이도 병자생이다. 아득한 세월 뒤 이 세상에 병자년이 다시 올 때 그 아이는 환갑이 될 것이다. 그 때 그는 어떤 이야기로 자신의 환갑을 말할까. 아직 태어나지도 않은 아기의 회갑까지를 더듬어 생각하니 삶이 무상하다. 장구한 시간의 영속, 생성과 소멸, 그 도도한 섭리 속에 나는 무엇이었을까. 병자년에 생명으로 태어나서 잠시 머물다 간 한 조각 구름이었을까. 티끌이었을까.

(1996)

# 수필은 고도의 문학

## 1. 수필과의 만남

불우하게 살다간 오빠가 있었다. 어릴 때부터 뛰어난 수재였으나 시대의 흐름을 잘못 읽어 입지가 불안했었고 이상과 현실의 괴리에서 결국 아무것도 이루지 못한 채, 평생 빈곤과 울분 속에 살다가 갔다. 수필을 쓰면서 늘 그 오빠를 생각하게 된다. 항상 이와나미(岩波)문고를 손에 들고 다니던 오빠, 그 오빠는 내가 아직 문학소녀였을 때, '수필이 고도의 문학'이라고 이야기했었고 자기는 생전에 수필집 한 권은 내보고 싶다고 하였었다. 오빠는 일신의 행복보다는 더 큰 행복을 추구하며 시대와 불화했던 소영웅주의자였지만 그는 수필을 사랑한 휴머니스트였을지도 모른다. 수필은 인생을 사랑할 줄 아는 사람이 쓰는 글이기 때문이다.

그 때부터 '수필은 고도문학'이라는 생각으로 마음에 자리 잡고 있었다. 중학생 무렵, 아버님께서 읽으시던 어려운 책속에 명사들의 수필이 실려 있었다. 지금도 기억이 생생한 유진오 선생의 〈창랑정기〉와 김소운 선생의 〈목근통신〉그리고 유달영, 이헌구 선생의 명문들은 소설보다 짙은 감동으로 인생의 깊은 뜻을 되새기게 하였다. 일상의 이런 저런 체험과 폭 넓은 지식을 유장한 문장으로 진실하게 쓴 수필들은 얼마나 감명 깊은 글이었던가. 그 글들은 소설에서도 시에서도 감당할 수 없는 격조와 향기로 고유한 영역을 획득하고 있었던 것이다. 그 때는 감히 쓸 생각을 못하였지만 아버지도 오빠도 내게 심어 준 문학은 시도 소설도 아닌 수필이었다. 이렇게 만나게 된 수필은 내게 있어서 정신 높은 차원의 어떤 세계였다.

## 2.수필은 문학이 아닌가

내가 처음 문단에 들어왔을 때, 무척 당혹스러웠던 것은 '수필은 문학이 아니다'라는 것이었다. 소설이 주는 감동과 희열을 나는 한 편의 수필에서 얻을 수 있고 또 줄 수 있다고 생각해 왔고 그 짧은 글에서 인생도 철학도 예술도 충분히 이야기 된다고 생각하여 수필을 쓰기 시작하였던 것이다. 수필이 주는 감동이 어째서 문학의 범주에서 제외되어야한단 말인가. 매우 실망스러웠다.

벌써 몇 년 전, 지금도 왕성하게 활동하고 있는 유명한 여류 소설가에게 어느 기자가 인터뷰를 한 적이 있었다. 기자가 작가에게 묻기를 '한마디로 말해 문학이란 무엇이냐'고 했을 때 그 분 역시 한마디로 '살아가는 이야기'라고 명쾌하게 대답하였다. 살아가는 이야기라면 수필 이상 무엇이 더 있겠는가. 소설이 작가가 가공적인 세계를 설정해서 삶의 진실을 말한다면 수필은 허구라는 가설 장치 없이 작가 자신의 체험과 사유를 이야기하는 것이다. 그래서 수필은 문학의 다른 장르와 달리 작가와 독자의 직접적인 소통이 가능하다. 독자들은 의심 없이 글의 내용이 작자의 체험이며 진실인 것을 믿는다.

2차 대전이 끝난 직후, 일본열도의 독자들을 울렸던 너무도 유명한 〈우동 세 그릇〉이란 수필이 있었다. 이것은 소설형식으로 씌어진 어느 작가의 수필이었다. 그것이 허구적인 소설이 아니라 작가의 실제 체험이었기 때문에 전쟁으로 상처 입은 독자들의 심금을 울렸고 감동으로 들끓게 했던 것이다. 그러나 얼마의 시간이 지난 후 그것이 실제의 이야기가 아니라 작가의 작품이라고 알려졌을 때 독자들은 허탈과 분노를 느꼈다고 한다. 이 예화에서 우리는 수필이 주는 감동이 결코 소설보다 못하지 않음을 알 수 있다.

한 때는 우리 문단에서도 수필의 허구문제로 이론이 분분했고 아직도 일부에서는 작품의 효과를 위해서는 부분적인 허구가 허용되어야 한다는 견해가 있는 실정이지만 내가 여기서 이야기하고자 하는 것은 수필이 허구냐 아니냐를 논하는 것이 아니다. 독자들은 처음부터 소설을 읽을 때와는 다른 마음가짐으로 수필을 읽는다. 정직하고 진실한 수필을 읽으며 독자는 소설에서 맛 볼 수 없는 진실과 친밀감을 느끼게 된다.

수필에서 인생의 진실이 말해지고 예술적 감동을 얻을 수 있다면 누구도 문학이 아니라고 말할 수는 없을 것이다.

## 3. 수필의 한계

문학이 '살아가는 이야기'라면 '수필은 자신이 살아가는 이야기' 라고 말할 수 있을 것이다. 그래서 어느 한 사람의 수필집을 읽으면 저자의 일상적인 생활, 가족관계, 성장기의 환경, 취미, 때로는 고뇌와 갈등까지도 대강 알게 된다. 작가의 신상에 대해 이만큼 알 수 있으니 만나지 않아도 오랜 지기처럼 친근감이 느껴진다. 그러나 한 발만 더 짚어 내려가면 우리가 작자에 대해 알고 있는 것이란 지극히 피상적이고 보편적인 내용일 뿐이다. 다른 사람에게 말할 수 있는 자신의 이야기란 어차피 제한적일 수밖에 없다. 과연 얼마만큼 정직할 수 있단 말인가. 소설은 허구적인 가공의 인물을 내세워 과감하고 솔직하게 자신의 이야기를 대변할 수 있다. 허지만 수필은 그런 면에서 자유롭지 못하다. 대개 처음 글을 쓸 무렵에는 수필이 정직하고 솔직한 글이어야 한다는 생각에 숨김없이 자신의 모든 이야기를 하게 된다. 그러나 얼마 지나지 않아 이 눈치 저 눈치 보게 되고 써야 될 것, 안 써야 될 것을 가려가며 조심하다 보면 어느새 글이 일반적이고 상식적이 되어 개성을 잃게 된다. 등단 초기의 어느 신인이 복잡한 가족관계를 솔직하게 쓴 적이 있었는데 그 글을 읽은 원로분에게서 따끔한 충고를 들었다고 한다. 세상 많은 소재 가운데 하필이면 집안의 치부를 들어낼 필요가 있겠는가 하는 문제였다. 그 신인에게는 어떤 문제보다도 그 사실이 가장 절실했기 때문에 쓰고 싶었을 것이다.

글을 쓴다는 것은 일종의 카타르시스이며 정신적인 구원이다. 수필은 그런 점에서 매우 취약하다. 정말로 하고 싶은 이야기는 나의 자존심이나 존엄성에 손상이 되므로 몸을 사리고 적당히 남이 들어도 괜찮은 이야기만 쓰게 된다. 더 심하면 글을 통해서 자신을 미화해서 과시하려 들기도 한다. 수필가도 이 풍진 세상을 살고 있는 한 쓰라린 아픔이 있고 참담한 절망이 있을 수 있다. 이 어지러운 세상에서 수필 쓰는 사람은 모두가 그렇게 반성인半聖人처럼 고답적이고 고매한가. 우리의 현실이 그처럼 근심걱정 없이 편안하고 문제가 없는가. 대부분의 수필 속에는 불행한 현실이 없다. 불행한 과거는 있어도 불행한 현재는 없다. 설사 불행 중에 있다 해도 성찰과 사유를 통해 긍정적인 생각으로 승화된 연후에 펜을 든다. 그렇기 때문에 어려움에 처한 사람들은 글을 한 줄도 못 쓴다. 쓰고 싶은 이야기는 현실적인 고뇌와 갈등이지만 자존심 때문에 진실은 비켜두고 걱정근심 없는 글을 쓴다. 그러니 이야기가 겉돌고 과거 지향적인 글이 무난해서 좋다. 수필이 수양서가 아니고 인생의 희노애락을 이야기하는 문학이라면 어느 정도의 리얼리티는 필요하다. 현실인식의 부재는 작가의식의 부재, 문제의식의 부재로 이어진다. 이것이 수필의 한계이며 문단에서 폄하되는 이유 중에 하나일 것 같다.

이런 면에서 볼 때, 나는 수필적인 사람이 못된다. 인간적인 속성을 감출 줄 모르고 수필을 쓰고 있기 때문이다. 상처에 분노하고 이 험한 세상 보장할 수 없는 내일이 늘 불안해서 전전긍긍하며, 소심한 속물이라 강남이 북한의 평양처럼 대한민국의 특구가 된 것을 보며 '친구 따라 강남 갈 걸' 어쩌다 못가고 강북에 남은 것이 때때로 울화가 치밀기도 한다. 수필은 정직하고 진실해야 된다고 생각해 온 나는 아름다운 수필동산에서 인생이 결코 축복일 수만은 없다는 것, 아니 어쩌면 비극적인 존재가 아닌가 싶어 아프면 아프다고 슬프면 슬프다고 썼다. 처음부터 내세우고 지킬 자존심이 없었으므로 부족한 내 모습을 숨기려하지 않고 썼다. 그렇게 써야 된다고 생각했기 때문이다. 수필은 격조 높은 문학이라고 말 한다 그러나 그 격이나 품위가 아름답고 우아한 이야기에만 있는 것이 아니라 삶의 진실이 가슴을 울릴 때 글의 진정한 아름다움이 숨쉬는 것이 아닐까 싶다.

## 4. 수필의 변화

60~70년대에는 전문 수필가가 몇 사람 되지 않았다. 사회의 저명한 명사 분들의 산문집이나 철학에세이가 서점가를 장식했고 독자들에게 인기가 있었다. 80년대 들어 각 언론사에서 시작된 문화센터의 보급으로 지금은 수필인구 수천 명 시대에 진입하였고 수필전문지도 이십 여 종이 넘어 날마다 수필집이 쏟아져 나온다. 바야흐로 수필의 전성시대라 아니할 수 없다. 그러나 독자들에게 외면당하고 있다. 그것은 전자매체의 범람과 여러 가지 사회적 환경이 독서 그 자체를 위축시키고 있는 것이 원인이라고 할 수 있을 것이다. 그러나 우리로서는 수필 독자의 외면을 진지하게 고려해 보아야할 것 같다.

이정림 선생은 그의 저서 ≪한국수필평론≫에서 수필이 소외되고 있는 원인을 면밀하게 분석하고 있다. 내적인 요인으로 첫째, 수필가들의 안이한 자세와 둘째 선비문학과 관조의 문학이라는 최면과 양적인 팽창을 들었다. 그리고 외적인 요인으로는 전문성을 인정받지 못하고 있다는 점과 수필문학에 대한 비평부재를 지적했고 끝으로 비문예적인 인기인들의 글이나 남다른 삶을 산 사람들의 논픽션 같은 산문이 수필이라는 이름으로 범람하여 본격적이고 정통적인 수필의 위상을 흐려

놓는데 원인이 있다고 하였다.

그러나 이러한 여러 가지 요인에도 불구하고 최근 수필문단의 동향을 보면 2000년대 이르러 변화의 기미를 느끼게 된다. 전반적인 교육수준이 높아짐에 따라 문학을 전공한 젊은 엘리트들이 수필계에 참여하여 지식층의 문학으로 발전하고 있는 것 같다. 원래 수필은 고도의 엘리트 문학이었다. 이들 새 세대가 수필무대에서 활약하게 되면 서정성 일변도의 수필이 지적, 사유적, 중수필로 향상하리라 기대해 본다. 수필 인구가 많다 보니 소재도 다양해지고 기법과 형식에도 변화가 있어 수필의 길이를 줄이는 5매 수필, 전문가의 테마 수필, 기행수필, 동수필 등, 수필문학의 발전과 변화를 위한 갖가지의 시도가 꾸준히 모색되고 있는 것 같다. 최근 몇 몇 수필지에서 기획하고 있는 중편수필도 수필의 변화를 말해준다. 내용과 형식이 완전히 소설적 구도이면서도 수필의 특성을 유지하고 있는 것이다. 소설은 수필화 되고 수필은 소설화 되면서 장르의 구분이 모호해지는 것이 현대문학의 양상인지 모르겠다. 수필이 새로워져야한다는 것이 최근 수필계의 화두다. 그러나 그 변화는 수필이 갖는 정통성과 기본 정신의 토대 위에서 이루어져야지 파격을 의미하는 것은 아니다. 수필만이 갖는 고유한 영역을 지켜가면서 내용이 새롭게 변할 때 독자들은 수필을 향해 다시 올 것이다. 수필이 양적인 팽창에 치중 되었던 지난 몇 해가 수필문학 정착의 과도기가 아니었을까 싶다. 새 시대에는 새

노래가 나오듯이 시대가 변하면 문화도 변하는 것은 자연스러운 현상이다.

## 5. 수필의 자존심

예부터 우리의 수필은 자존심의 문학이었다. 옛날 선비들은 대개 자신의 문집을 만들었는데 그 문집 안에는 지금의 수필이라고 할 수 있는 생활의 여적餘滴을 적은 간단한 산문이 실려 있었다. 거기에는 양반들의 풍류와 멋, 인생과 사물을 관조하는 고고한 선비정신이 깃들어 있었다. 그것은 그 시대 선비계층의 지고한 자존심이며 지조 높은 품격이었다. 시대가 흘러도 이러한 정신적 토대가 면면히 이어져 수필의 정통성으로 자리 잡으면서 오늘에 이르렀다고 본다. 물론 지금의 수필이 선비시대의 문학은 아니다. 그러나 우리는 그 정통적인 정신의 토대위에 시대가 요구하는 새로운 문화적 감각을 조화롭게 수용하여 현대독자들이 다시 찾는 문학으로 거듭나야 할 것 같다.

풍부한 식견과 해학, 호쾌한 문장으로 명수필을 쓰시다가 몇 해 전에 작고하신 박규환 선생은 수필집 ≪이제는 봄을 기다리지 않는다≫의 서문에서 '수필이 개성적이며 관조적인 인간성이 내포된 그런 문학의 본령'이라고 말씀하셨다. 수필쓰기가 훨씬 힘들어서 소설을 쓰고 있다는 어떤 작가의 말도 수필이 고도의 문학임을 확인시켜 준다. 이러한 수필을 쓰는 것에 우리 수필인들은 긍지를 가지고 자존심을 지켜가야 될 것이다. 자존심이란 스스로의 존엄성을 확립하고 당당하게 지켜갈 때 비로소 빛이 나는 것이라 생각된다.

(2008년)

# 아 – 낙엽!

낙엽이 지고 있는 늦가을 어느 날이었다. 지하철을 타기 위해 미아역으로 향하는 길가에 노란 은행잎이 수를 놓은 듯 눈부시게 깔려 있었다. 지는 잎들은 스산한 바람이 스칠 때마다 노오란 나비떼처럼 춤을 추며 땅으로 날아 내렸다. 그것은 가을이 아니면 볼 수 없는 장엄하고 아름다운 풍경이었다. 사람들은 탄성을 지르며 일부러 나무 밑에서 팔을 벌려 떨어지는 낙엽을 받기도 하고 줍기도 하면서 가을 한 때를 즐기고 있었다. 나도 깨끗한 은행잎을 몇 장을 주워 들었다. 방금 떨어져 때 묻지 않은 낙엽은 그 금빛이 너무도 찬란하여 꽃보다 고왔다.

한 장의 낙엽이 주는 감회는 한 송이 꽃을 볼 때와는 다르다. 메마른 가지에서 실눈을 뜨고 솟아나던 이른 봄, 연두빛 그 눈부신 생명을 생각하게 되고 싱싱하던 진초록의 잎새가 뜨거운 햇살에 몸을 달구어 곱디고운 단풍으로 단장했다가 마침내 때가 되면 미련 없이 한살이를 마감하는 낙엽, 그 속에는 영원으로 이어지는 생명의 순환과 우주의 섭리가 있다. 그래서 낙엽을 줍는 마음은 늘 차분하다.

갈 길이 바빴지만 놓치기 아까워 한 장 한 장 줍다보니 손안에 은행잎이 가득하였다. 시간이 늦어 낙엽을 손에 든 채 급하게 매표구 앞에서 전철표를 사려는데 표를 내어주던 창구직원이 반가운 목소리로

"아 - 낙엽!"

하면서 은행잎이 너무 예쁘다며 몇 장을 달라고 하였다. 쳐다보니 정년이 가까울 듯 싶은 노인이었다. 인생의 가을에 와 있음에도 낙엽을 보고 감탄을 할 수 있는 노년, 뜻밖의 장소에서 지인을 만난 듯 그의 시들지 않은 감성과 정서가 나 역시 반갑고 신선하였다. 그 분은 시인이 아니었을까. 낙엽 지는 가을은 사람들의 잠자는 시심을 일깨우는 감동의 계절인가보다. 가을이면 계절 없는 지하철역, 그 답답한 공간에서 낙엽을 반기던 그 분의 아름다운 마음이 생각난다.

(2006년)

# 입추 무렵

겨울 추위가 물러가기 전에 입춘立春이 되듯이 한 여름 더위가 막바지일 때 입추立秋가 된다. 그러나 아무리 더위가 기승을 부려도 자연의 질서는 어김이 없어 그 무렵이면 이 땅에 찾아 든 가을의 조용한 숨결을 느끼게 된다. 꼬리 붉은 고추잠자리가 하늘 높이 맴돌고 어느 틈에 꽃밭의 칸나가 선홍색으로 피어 나기 시작하면 자귀나무의 연분홍 꽃들이 더욱 눈부시다. 입추와 칸나와 자귀꽃, 이것은 잊지 못할 초가을의 표정으로 아득한 오십 년대, 백마에서의 한 시절을 회상하게 한다.

전쟁이 끝나가는 50년대 초, 우리는 지금 신도시가 된 고양시의 백마에서 살고 있었다. 그 때 아버지는 새로 시작한 백마학교의 교장으로 부임하게 되셨던 것이다. 산기슭을 헐어낸 비탈진 언덕에 건물하나만 어설프게 서 있는 학교모양은 황량하고 썰렁했다. 모든 것이 미비한 신설학교의 책임자로 오신 아버지는 할 일이 많았다. 무엇보다 시급했던 것은 삭막한 학교 환경을 정서적으로 개선하는 일이었다. 우선 빈자리마다 꽃밭을 가꾸고 갖가지 나무를 심어 학교 주변을 꽃과 나무가 어우러지는 아름다운 터전으로 만들어 갔다.

삭막하기는 우리가 살고 있는 사택도 마찬가지여서 정리를 하지 않으면 안 될 만큼 어지러운 형편이었다. 비좁은 뜰 한 옆에 양계장을 만들어 닭을 키우고(계란이 필요했기 때문에) 담장 밑에는 괴꽃, 코스모스, 칸나, 다알리아 등 주로 가을꽃을 많이 심어 볼품없는 오두막을 꽃집처럼 꾸미셨다. 아버지는 특히 칸나를 좋아하셨다. 밑둥에서부터 튼실하게 올라와 넓게 퍼지는 남국적인 잎이 시원해서 좋고, 꽃잎의 선명한 빛깔은 개성이 살아 있어 좋다고 하셨다.

문학소녀시절, 입추 무렵 어느 날이었다. 뜨거운 햇빛이 폭포처럼 쏟아지는 마당가 한 옆에 탐스러운 칸나가 선홍빛으로 붉게 타고 있었다. 마루에서 부채질을 하며 꽃을 바라보시던 아버지가 곁에 있던 나에게 저 꽃의 빛깔을 근사하게 묘사해 보라고 하셨다. 이 느닷없는 질문에 당황한 내가 얼른 대답을 못하고 머뭇거리자 잠시 후 아버지는 단호한 어조로 말씀하셨다.

"피를 토하는 것 같다!"

"아—정말." 나는 탄성을 질렀다. 소녀인 내가 어찌 그런 상상을 할 수 있었으랴. 그 말을 듣고 다시 보니 정말 칸나는 뜨거운 햇빛에 도전하듯 핏빛으로 서 있었다. 그 이후 내가 보는 칸나의 빛깔은 언제 어디서나 진홍의 핏빛, 그 이상의 표현을 나는 아직 생각해 보지 못했다.

아버지는 칸나뿐 아니라 입추 무렵에 꽃이 절정인 '자귀나무'도 좋아하셨다. 그래서 백마학교 마당에는 자귀나무가 많았다. 지금은 아파트의 정원이나 간선도로변 녹지에서도 어렵지 않게 볼 수 있지만 그 때는 흔치가 않아서 백마학교의 자귀나무는 인근의 이야기거리이기도 하였다. 아버지가 성장하던 옛집 울안에 자귀나무가 있었다고 한다. 그 때는 정말 희귀한 나무였을 것이다. 어린 시절의 추억이 깃든 나무여서 특별히 좋아하셨는지도 모른다.

낮에는 풍성하게 퍼져 있던 나뭇잎이 해가 지면 날개를 접듯 일제히 오무라들어 마치 잠을 자고 있는 듯한 느낌을 주어 우리말로는 '자귀나무'라 불리고, 한자어로는 합혼수合婚樹, 또는 유정수有情樹라고 일컬어지는데 그것은 양 옆으로 퍼져 있던 나뭇잎이 밤이면 한데 합쳐진다 해서 붙혀진 이름이라고 하였다. 그래서 집안에 심으면 부부금실이 좋다고 중국에서는 울안에 많이들 심었다고 한다. 그러나 자귀나무의 볼품은 잎이 아니라 눈부시게 나무를 장식하는 아름다운 꽃이다. 멀리서 보면 나무가 분홍빛 베일을 쓰고 있는 듯 아련하고 가까이서 보면 송이마다 꿈을 꾸는 듯 몽환적인 분위기를 느끼게 하여 일본에서는 '꿈꾸는 꽃'이라 한다고 아버지는 자귀나무에 대해 가끔 이야기를 들려주셨다.

이렇게 꽃과 나무를 사랑하고 책을 좋아하는 정서적인 분이셨으나 자식들은 영악하고 현실적인 사람이 되기를 원하셨다. 그러나 욕심 없이 청빈한 선비풍의 삶을 사셨던 아버지는 결코 현실적인 분이 못되셨기 때문에 우리를 그런 사람으로 만들 수가 없었다. 어렸을 때부터 그림이 있는 일본 동화집을 사 주셨고 '흐르는 물에는 썩는 법이 없다' 면서 언제나 책을 읽도록 독려하셨으니 그런 환경에서 우리가 닮아 가는 것은 아버지의 모습일 수밖에 없었다.

내가 문단의 초년생으로 몇 편의 글이 발표되기 시작할 무렵 아버지가 돌아가셨다. 내 이름이 처음 활자화 되었을 때, 병상의 아버지는 그 동안 가슴 속에 담아 두었던 회한을 처음으로 말씀하셨다.

"아무래도 너는 글을 써야겠구나. 너에게 국문과 공부를 시켰으면 모윤숙 같이 좋은 글을 쓰는 시인이 되었을 것을……." 탄식처럼 이렇게 말씀하면서 이왕 글을 쓰려면 좋은 글을 쓰라고 당부하셨다. 아버지의 꿈은 내가 모윤숙 같은 훌륭한 문인이 되는 것이었다. 그러나 모윤숙은 아무나 되는가. 그리고 아버지가 말씀하신 '좋은 글'이란 얼마나 어려운가. 나로선 도달할 수 없는 아버지의 순박한 꿈 때문에 나는 숙제를 못한 아동처럼 마음이 늘 송구하고 불편하다. 입추가 되고 칸나가 피고 자귀꽃이 꿈처럼 만개하면 아버지의 말씀이 자주 이명처럼 맴돈다. 아버지는 나에게 너무도 어려운 숙제를 내주고 가신 것이다.

(2005년)

# 자기를 버리는 가을

가을이 되었다. 봄을 좋아하는 사람은 초겨울부터 봄을 기다리지만 나는 해가 짧아지기 시작하는 하지 때부터 가을을 기다린다. 틀림없이 가을이 온다는 확신이 있기에 숨막히는 불볕더위도, 지루하고 후덥지근한 장마도 견딜 수 있다. 사계가 분명한 나라에 산다는 것은 커다란 축복이다. 더구나 가을이 아름다운 땅이 조국이라는 것은 얼마나 다행인가. 시인은 가을에 더 깊은 시를 쓰고 소설의 이야기도 가을에 더 많은 사연이 그려져 있다.

내가 사춘기 문학소녀였을 때, 맨 처음 써 본 소설도 사랑하는 두 남녀가 가을 호젓한 산사에서 헤어지는 이야기다. 지금 생각해도 이상한 것은 해피엔딩으로 끝나는 결말을 내지 않고 어째서 하필이면 은은한 독경소리를 이별의 송가로 들으면서 끝을 맺었을까. 다분히 치기어린 소녀적 감상이었을 것이다.

계절마다 특징이 있고 어느 계절에도 나름대로 애정을 가질 만한 요소가 있다. 죽은 듯 메마른 나뭇가지에서 마디마다 눈을 뜨고 함성처럼 일제히 솟아나는 신록의 놀라운 생명력을 보고 감격을 하지 않을 사람은 없다. 언덕마다 등성이마다 현란한 꽃이 피어 축제처럼 호화롭고 사치스러운 봄, 이런 봄을 해마다 구경할 수 있다는 것은 고달픈 일상에서 잠시나마 위안이 된다. 그러나 모두가 힘찬 약동으로 술렁이는 봄에는 사람 마음까지도 들떠서 자신을 돌아볼 사이 없이 남의 잔치 구경하듯 어느 틈에 계절을 놓쳐 버리기 일쑤다.

세상을 창조한 조물주는 가을을 사랑한 시인이 아니었을까. 아니면 위대한 철인哲人이지 않았을까. 가을의 자연은 경이 아닌 것이 없고 감동 아닌 것이 없다. 가을이 무르익은 만추의 모습은 자연의 이치를 깨달아 조용히 운명에 순응하는 노인처럼 깊은 철학을 느끼게 한다. 가을은 우리에게 끝없는 이야기를 들려주는 계절이다.

나는 다른 사람보다 먼저 가을을 느낀다. 밤새도록 열대야에 시달리다 잠이 깬 어느 새벽, 문득 얼굴에 스치는 청량한 한 줄기 바람, 이 땅에 가을이 온 것이다. 그 때부터 우리는 가을이 연출하는 위대한 예술을 감상하게 된다. 스치는 바람결에 세상의 모든 초목이 싱그러움을 잃고 한숨처럼 노오랗게 쇠잔해지면 풀섶에 베짱이, 방아깨비, 여치 등 작은 곤충과 티

끌 같은 벌레들은 풀빛 따라 상복 빛깔의 옷을 갈아입고 바쁘게 생을 마감할 준비를 한다. 그리고 마른 풀잎을 가만히 살펴보면 실올 같이 가느단 줄기 끝에 보일 듯 말 듯 작은 씨앗이 촘촘하게 매달려 있다. 하잘 것 없는 미물들도 살 때를 알고 떠나야 할 때를 알며 기꺼이 버릴 때를 안다. 무릇 모든 생명은 자기를 버림으로써 다시 소생할 수 있다는 이 교훈이야말로 가을이 보여주는 엄숙한 진리가 아닌가 싶다.

가을에도 꽃은 많이 핀다. 칸나가 피고 다알리아가 피고 들국화 분꽃 코스모스가 피는 가을, 봄꽃은 커다란 나무에서 일제히 피어나 그 화려함을 과시하지만 가을꽃은 한해살이 꽃으로 여름내 풀잎처럼 자라다가 엷어지는 가을 햇살 아래서 겸허한 모습으로 조용히 핀다. 도로변의 코스모스, 시집 간 누나를 생각나게 하는 과꽃, 서리 속에서 찬연한 가을 국화, 이것들은 봄꽃에서 볼 수 없는 조촐하고 그윽한 분위기를 가지고 있다. 이런 꽃들이 있어 가을을 더욱 가을답게 한다. 가을꽃은 자신들의 단명을 안다. 소멸을 눈 앞에 둔 가을꽃의 아름다움은 그래서 처연하고 애절하다. 열매를 맺을 사이도 없이 서둘러 씨앗을 만들고 가련하게 시들어지는 가을 꽃, 그들 또한 영원한 생명의 존속을 위해 잠깐 피었다가 스러지는 것이다.

지루한 가을 장마가 계속되더니 모처럼 날이 개었다. 하늘이 푸르고 햇살이 눈부시다. 아파트 근처의 초등학교에서 운동회가 있는 것 같다. 울긋불긋 깃발이 나부끼고 음악소리가 경쾌하고 아이들을 정렬하는 체육교사의 음성이 가을 아침, 조용한 마을이 활기로 넘친다. 반세기도 훨씬 전, 달리기를 못해 운동회날이면 언제나 꼴찌를 해서 망신스러웠던 기억이 새롭다. 내가 꼴등으로 본부석 앞을 지날 때면 지역 유지들과 그곳에 앉아 계시던 아버지가

"빨리 뛰어라 임마."하시는 말씀과 뒤이어 함께 있던 여러 어른들의 웃음소리가 귓결에 들려왔다. 그러면 나의 뜀뛰기는 더욱 늦어져 꼴찌라도 아주 형편없는 꼴등이 되곤 했었다. 그때는 운동회가 싫어서 가을이 좋은 계절인 줄 몰랐다.

심경이 착잡한 어느 날이었다. 마음의 안정을 위해 늘 다니는 봉선사를 찾았다. 수목원 안에 있는 봉선사는 사계절 다 좋지만 가을의 정취가 더욱 좋다. 평일이라 경내는 고즈넉하고 적요했다. 대웅전 법당 앞에는 수험생을 위한 100일 기도회를 알리는 현수막이 쳐져 있고 안에서는 여러 학부모들이 스님의 인도로 축원기도회가 진행되고 있었다. 우리 아이들은 이미 장성해서 사회생활을 하고 있건만 어머니들의 간절한 소망이 내 것인양 새삼스럽다. 나도 아이들을 위해서 얼마나 많이 기도했던가. 사는 것이 고해苦海인 번뇌 속에서 기도 제목은 끝이 없다. 너무나 상식적인 말이지만 차라리 미망을 버리고 마음을 비우는 것이 소망을 비는 것보다 더 편할런지도 모르겠다. 그래서 부처님의 가르치심인 청정한 마음이란 자기를 버리는 마음일 것이다. 나는 마음의 안정을 찾는 길이 무엇인지

간절히 소망했다. 그 해답은 나를 버리는 일이었다. 나를 버리지 못해 오만가지 번민이 끝이 없어 괴롭다는 것 그러나 알면서 그것이 용이하지 않다.

법당 앞 휴식처에는 수령이 오래 된 느티나무가 있다, 아직은 잎이 무성하지만 얼마 안 있어 단풍이 들고 낙엽이 질 것이다. 봄에 태어나 한 살이를 끝낸 잎새들은 미련없이 자기를 버린다. 내년 봄이면 떠난 자리에 새 생명이 찬란할 것이다. 또한 늙은 느티나무는 자신이 키운 잎새들을 버림으로서 자유스러워지고 겨울동안 새 생명을 잉태한다. 버림으로서 자유롭고 버림으로서 새로워지는 생명들. 가을은 나무도 꽃도 벌레도 모두 자기를 버리는 계절이다. 가을은 우리에게 생명의 근원이 버림으로서 이어지는 위대한 자연의 질서를 일깨워 준다.

(2007년)

## ▒ 연보

### •약력

| | |
|---|---|
| 1936년 3. 17 | 서울 누상동에서 교사인 아버지 白榮基와 어머니 李菊子사이에서 3남 2녀중 장녀로 태어남. |
| 1943년 | 김포 공항동의 방화초등학교 입학. |
| 1949년 | 일산초등학교 22회 졸업. |
| 1950년 | 전쟁으로 고향인 파주로 피난. |
| 1956년 | 서울여자상업고등학교 26회 졸업. |
| 1957년 | 고양시 성석초등학교 교사. |
| 1959년 | 파주시 용미초등학교 교사. |
| 1960년 | 역사학과 교사인 韓相俊과 결혼. |
| 1963년 3. 1 | 장남 錫熙 출생. |
| 1965년 7. 14 | 차남 雄熙 출생. |
| 1982년 4. 18 | 장남 錫熙 김태우와 결혼. |
| 2002년 10. 13 | 차남 雄熙 이제경과 결혼. |
| 1994년 11. 4 | 손녀 채영 출생. |
| 1996년 5. 23 | 손녀 채윤 출생. |

### •문단활동

| | |
|---|---|
| 1985년 | ≪날개동인≫회원 동인지 ≪되찾은 날의 행복〉에 작품 발표 시작. |
| 1986년 | 사임당 백일장 입상 〈시문회〉회원 동인지 ≪시와 수필≫에 작품 다수 발표. |

| | |
|---|---|
| 1987년 | 동서문학 신인상 수필부문 당선 등단 작품활동시작 《에세이문학(수필공원)》, 《한국수필》, 《수필문학》, 《창작수필》, 《계간수필》, 《에세이21》, 《수필시대》》 등 수필 전문지에 현재까지 200여 편 발표. |
| 1990년 | 한국문인협회 회원. |
| 1991년 | 수필문학진흥회 이사. |
| 1994년 | 한국수필의 대표적 모임인 〈수필문우회〉입회. |
| 1999년 | 수필문학진흥회 제정 제17회 〈현대수필상〉수상. |

**•저서**

| | |
|---|---|
| 1998년 | 첫수필집 《놓치고 사는 기쁨》출간. |
| 2002년 | 선우수필선 《아침소리》출간. |
| 2009년 | 현대수필가 100인선 《강촌에 가고 싶다》출간. |

현대수필가 100인선 · 38
백임현 수필선

# 강촌에 가고 싶다

초판인쇄 | 2009년 1월 22일
초판발행 | 2009년 1월 29일

지은이 | 백 임 현
펴낸이 | 서 정 환
펴낸곳 | 좋은수필사

주 소 | 서울시 종로구 익선동 30-6
운현신화타워 빌딩 3층 305호
전 화 | 02)3675-5635, 063)275-4000
등 록 | 1984년 8월 17일 제28호
홈페이지 | http://www.shin-a.co.kr
e-mail | essay321@hanmail.net

값 7,000원

ISBN 978-89-5925-307-4 04810
ISBN 978-89-5925-247-3 (전 100권)